Die ambivalente Stadt

Gegenwart und Zukunft des öffentlichen Raums

Jürgen Krusche (Hg.)

jovis

Aus Gründen der besseren Lesbarkeit wird in diesem Buch überwiegend die maskuline Form verwendet. Es sind jedoch stets alle Geschlechter gemeint.

Die ambivalente Stadt

jovis

Praxis und Partizipation

Fotografie als Medium der Stadtforschung

Die Stadt zwischen Offenheit und Schließung, Diversität und Risiko

Jürgen Krusche

Das Credo der Offenen Stadt scheint bedroht. Schauen wir in die Großstädte Mitteleuropas oder Amerikas, sehen wir eine zunehmende Angst vor Terror und Flüchtenden; eine Angst, die nicht selten in Gewalt umschlägt oder zumindest in radikale Denkweisen. Populistische Parteien sind auf dem Vormarsch, weil sie auf vereinfachte Problemdarstellungen einfache Problemlösungen anbieten. Dieses neue rechte Klima zeigt sich nicht nur in der Politik, sondern auch in den Städten, dort vor allem in einer radikalen – und trotzdem oft unbemerkten – Transformation der öffentlichen Räume.

Die Forderung nach mehr Sicherheit in den Städten scheint legitim angesichts immer wieder stattfindender Gewalttaten. Die Verknüpfung von scheinbar zunehmender Kriminalität sowie einem Gefühl der Unsicherheit und der Zunahme von Migranten ist jedoch eine gefährliche Konstruktion. Der Ruf nach mehr Überwachungskameras und mehr Polizei auf den Straßen – eine Forderung, die noch vor einigen Jahren obsolet klang – ist salonfähig geworden, in der Hoffnung das vermeintliche Problem dadurch in den Griff zu bekommen. Welche Auswirkungen diese Maßnahmen letztlich auf die Qualität der öffentlichen Räume haben, ist dabei Nebensache. Wenn „öffentlich“ bedeutet, dass jeder, unabhängig von sozialem Status, Herkunft oder Hautfarbe, diese Räume betreten und nutzen darf, dann schwindet bei vielen die Bereitschaft, diese Offenheit auch zuzulassen. Aufgrund diffuser Ängste wird die freie Zugänglichkeit der öffentlichen Räume immer weniger eingefordert; die Offene Stadt ist nicht mehr attraktiv und wird eher als Bedrohung wahrgenommen. Was viele Menschen mittlerweile wünschen oder gar lauthals fordern, ist eine strengere Regulierung der öffentlichen Räume und mehr Überwachung; also weniger Offenheit und Freiheit. Das Konzept der Offenen Stadt scheint ad acta gelegt worden zu sein, so es jemals wirklich ernst genommen wurde.

Der Band *Die ambivalente Stadt* vereint Aufsätze von Expertinnen und Experten aus verschiedenen Disziplinen rund um die oft widersprüchlichen Sichtweisen auf die Herausforderungen der heutigen Stadt. Die Beiträge sind aus einer Vortragsreihe des Forschungsschwerpunkts *Public City* an der Zürcher Hochschule der Künste 2015 und 2016 hervorgegangen. Diese Reihe war explizit disziplinübergreifend angelegt, um der Komplexität des Themas der Offenen Stadt gerecht werden zu können. Neben inhaltlichen Fragestellungen spielte auch die Fotografie als methodischer Zugang innerhalb der Stadtforschung eine Rolle.

Den thematischen Kern des Buches bildet das Thema (Un-)Sicherheit und die damit verbundenen Auswirkungen auf Städte, vor allem auf die öffentlichen Räume, ihr Aussehen, ihre Nutzungen und Funktionen. Das Thema der Sicherheit – sei sie öffentlich gefordert oder subjektiv empfunden – avanciert zu einem neuen Schwerpunkt in Planung und Verwaltung ebenso wie in der Forschung. Als Gegenpol zu diesen sich verschließenden Tendenzen der Stadt werden einige Beispiele kooperativen, partizipativen und selbstverwalteten Handelns vorgestellt, in denen nicht die Sicherheit, sondern im Gegenteil die Gemeinschaft und Offenheit im Fokus stehen.

Die Beiträge des ersten Kapitels beschäftigen sich mit der aktuellen Situation vor allem der europäischen Stadt und verweisen auf die zunehmende Fragmentierung der Stadt als Reaktion auf wachsende politische, ökonomische und soziale Probleme. Sie zeigen auf, wie soziale Ungleichheit die Forderung nach mehr Sicherheit befördert und die Angst vor „Überfremdung“ dazu führt, dass soziale Durchmischung und Diversität eher kritisch betrachtet werden und der Diskurs über die offene Stadt infrage gestellt wird. Das zweite Kapitel geht der Frage der Partizipation nach und stellt Projekte vor, die direkt auf konkrete Probleme reagieren. Hierbei öffnet sich der Blick auch auf nicht-europäische Städte und verdeutlicht, dass sowohl die Probleme wie auch die Problemlösungen kulturabhängig sind und von Stadt zu Stadt, von Kultur zu Kultur jeweils sehr spezifisch betrachtet und behandelt werden müssen. Das dritte Kapitel ist dem Medium der Fotografie gewidmet, das in der Stadtforschung immer häufiger Verwendung findet. Die beiden Beiträge behandeln die Frage des Verhältnisses von Fotografie und Wirklichkeit und diskutieren sowohl die Probleme als auch die Möglichkeiten, die mit der Verwendung der Fotografie innerhalb der kritischen Stadtforschung einhergehen.

Die Versicherheitlichung der Städte und ihre Auswirkungen

Die „Integrationsmaschine Stadt“ sei ins Wanken gekommen, so lautet ein vielgehörtes Statement der letzten Zeit, welches Jens Dangschat als Ausgangspunkt seiner Analyse nimmt. Welche Vor- und Nachteile hat gesellschaftliche Vielfalt und welcher Zusammenhang besteht zwischen durchmischten Quartieren und einer gelingenden Integration? Durchmischte Quartiere werden zwar von fast allen Kommunen gefordert, doch oft scheinen die Bewohner dieser Quartiere damit überfordert zu sein, was nicht selten zum Gegenteil des anvisierten Ziels führt: zu einem verstärkten Ruf nach mehr Sicherheit und Kontrolle. Mit Vielfalt umgehen, muss gelernt werden. Dazu gehört auch, sich über die unterschiedlichen Perspektiven im Klaren zu sein, mit denen diese Vielfalt betrachtet wird. Dangschat unterscheidet zwischen einer essentialistisch-substanziellen und einer konstruktivistisch-relationalen Perspektive. Gerade Bevölkerungsschichten, die häufig mit der Idee von Durchmischung konfrontiert sind, argumentieren eher essentialistisch. Essentialistische Konzepte wie Nationalität, Sprache und Religion scheinen ihre Sicht gegen eine vielfältiger werdende Gesellschaft zu legitimieren. Um mit Vielfalt umgehen zu können, wäre es daher auch nötig, die eigene Perspektive zu hinterfragen.

Spezifisch der Frage nach der Offenen Stadt geht die Kulturanthropologin Johanna Rolshoven nach. Grundlage ihres Ansatzes bildet die Idee, dass demokratische Städte offene Städte sind. Wird dieser „demokratische Idealismus“ aufgrund der neuen Entwicklungen infrage gestellt oder scheitert er gar? Verhindern der Dschihadismus und die vermeintliche Zunahme von Kriminalität demokratisches Verhalten?

Rolshoven zeigt auf, wie unverhältnismäßig die Reaktionen auf die scheinbar zunehmende Kriminalität oft sind. Regeln, Verbote, Wegweisungen, Verbannungen und Abschiebungen werden nichts an der Situation ändern, im Gegenteil: Die öffentliche und private Sicherheit zählt aktuell zu den deutlichen Wachstumsmärkten; was auch bedeutet, dass ein bestimmter Wirtschaftssektor von dieser Entwicklung profitiert und alles erdenkliche unternehmen wird, dass sich diffuse Angstlagen weiterhin ausbreiten können. Der „entfesselte Kapitalismus“, der nach Karl Polyani maßgebend für die grundlegende Verunsicherung von Stadt- und Staatsbürgern verantwortlich ist, erhält weiterhin Nahrung. Ähnlich wie der Dschihad nicht in erster Linie eine Attacke gegen die Offene Stadt, sondern gegen die offene Gesellschaft ist, kann die Versicherheitlichung der Städte als Sicherstellung einer auf den Kapitalismus ausgerichteten Politik gelesen werden. Die Stadt ist hier ein Abbild der politischen Verhältnisse. Das heißt, die politischen Verhältnisse sind verantwortlich für städtische Fehlentwicklungen, die letztlich zu Kriminalität und Terror führen, und nicht umgekehrt.

Die „Illusion of Control", die mit einer Versicherheitlichung einhergeht, steht im Mittelpunkt des Beitrags des Geografen Manfred Rolfes. Systemtheoretisch gesehen birgt jede Entscheidung Risiken, was bedeutet, dass auch auf Sicherheit zielende Entscheidungen und kriminalpräventives Agieren neue Gefahren produzieren. So kann urbane Sicherheitspolitik durch Ausgrenzungs- und Kontrollmechanismen soziale Polarisierung unterstützen. Die „Kultur der Kontrolle" fokussiert insbesondere auf die untersten Gesellschaftsschichten, was nicht selten zu einer Stigmatisierung von Benachteiligten und zu gefährlichen Generalisierungen führt. Sicherheitspolitik funktioniert hauptsächlich über räumliche Maßnahmen, wodurch Kriminalität als vermeintlich beherrschbar wahrgenommen wird. Es werden vor allem sichtbare Symptome behandelt, sozio-ökonomische Ursachen geraten dabei aus dem Blickfeld. Bei all diesen Unabwägbarkeiten stellt sich die Frage, warum weiterhin so vehement auf die Versicherheitlichung der Städte abgezielt wird. Rolfes zeigt auf, dass die räumlichen Sicherheitsdispositive vor allem dem neoliberalen Umbau der Städte dienen. Gesellschaftliche Phänomene wie soziale Ungerechtigkeiten, Armut, Obdachlosigkeit oder Normabweichungen werden auf diese Weise verdeckt und bürgerliche Freiheitsrechte immer stärker eingeschränkt. Ist der „demokratische Idealismus" somit also doch in Gefahr?

Sind diese ersten drei Beiträge eher problemorientiert, versucht der vierte Beitrag von Erol Yildiz eine andere Perspektive einzuführen, indem er davon ausgeht, dass Stadt bereits Migration und Diversität *ist*. Ohne diese beiden Faktoren gäbe es keine Städte, diese leben und profitieren davon. Yildiz stellt abseits polarisierender Deutungsmuster eine „non-dualistische" Perspektive vor, da viele Probleme in der allgemein akzeptierten Trennung bestimmter Phänomene und Begriffe wurzeln, wie beispielsweise in der begrifflichen Trennung zwischen „Einheimischen" und „Fremden", „Mobilität" und „Migration". So wird Mobilität als Zeichen globaler Orientierung angesehen, Migration dagegen mit Argwohn betrachtet. Yildiz kritisiert diese „Doppelmoral", die sich immer noch am nationalen Hegemoniediskurs und an strengen Vorstellungen von Sesshaftigkeit orientiert.

Die konventionelle Migrationsforschung, die sich von einer Art „Dogma der Sesshaftigkeit" leiten ließ, hat im Wesentlichen zur Reproduktion eines ethnisch-nationalen Differenzdenkens beigetragen, so Yildiz. Das innovative Potenzial von Migration wird aus dieser dualisierenden Haltung heraus nicht erkannt. In Anlehnung an Edward Said plädiert Yildiz deshalb für eine „kontrapunktische" Perspektive und einen radikalen Bruch mit der hegemonialen Wissensproduktion. Das, was bisher für problematisch erklärt wurde, sollte in seiner positiven Relevanz als Alltagsnormalität betrachtet werden. Denn urbanes Leben ist charakterisiert durch radikale Mobilität und Vielheit, Mehrdeutigkeit, Ambivalenz und Widersprüche.

Beispiele aktiver Beteiligung von Stadtbewohnern an urbanen Entwicklungsprozessen

Diesen vier Stadtanalysen folgen im zweiten Kapitel drei Beiträge, die an praktischen Beispielen aus Deutschland, Nigeria, China und Südkorea jeweils andere Reaktionen und Herangehensweisen auf die vielfältigen urbanen Herausforderungen aufzeigen.

Urbanes Gärtnern, Reparieren, Tauschen und Selbermachen sind aktuelle Phänomene, die in engem Zusammenhang mit der Veränderung unserer Gesellschaft und damit auch unserer Städte stehen. Der in den 1980er Jahren begonnene neoliberal gesteuerte Umbau der Gesellschaft führte in die sogenannte „Prekarisierungsgesellschaft" (Oliver Marchart), die von vielen Menschen verlangt, sich kostengünstig zu ernähren oder Dinge selbst herzustellen und zu reparieren. Do it yourself (DIY) ist nicht nur ein Ausdruck der Generation Y, sondern stellt für viele eine Notwendigkeit dar, um ihr Überleben zu sichern.

Anhand des Phänomens Urban Gardening zeigt Christa Müller die vielfältigen Hintergründe und Verknüpfungen der Do-it-Yourself-Bewegung mit aktuellen gesellschaftlichen Entwicklungen auf, die nicht selten mit der Suche nach dem „guten Leben" einhergehen. Es geht dabei sowohl um knapper werdende Ressourcen als auch um Logiken des Gemeinschaftlichen, der Begegnung, des Teilens und damit auch ganz grundsätzlich um die Frage: Wem gehört die Stadt?

Urban Gardening ist keinesfalls eine rückwärts in die Vormoderne flüchtende Bewegung, sondern eine kreative und selbstbestimmte Auseinandersetzung mit aktuellen Problemen. Neben Fragen des Zusammenlebens steht dabei immer auch der urbane Raum, genauer der öffentliche Raum im Fokus. Die neuen urbanen Gärten sollen wirkliche öffentliche, das heißt für alle zugängliche Räume sein. Es sind explizit nicht-kommerzielle Räume, welche eine Lebensqualität bieten, die in vielen innerstädtischen öffentlichen Räumen kaum mehr zu finden ist. Insofern kommt diesen sich zwischen Kultur und Natur befindlichen Räumen auch Modellcharakter zu.

Aber auch dieses Phänomen ist von einer Ambivalenz gekennzeichnet, wie Müller anhand eines Exkurses zum „ästhetischen Kapitalismus" (Andreas Reckwitz) beschreibt. Gerade die Orte, die von Authentizität und

Unabhängigkeit geprägt sind und sich dadurch dem Kapitalismus zu entziehen suchen, drohen von diesem eingeholt und verwertet zu werden.

Die *self-help city* Lagos, Hauptstadt von Nigeria, ist eine Stadt, die weitestgehend ohne Stadtplaner entstanden ist. Die Bewohner sind zum Großteil gezwungen, sich um Infrastrukturen wie Strom- oder Wasserversorgung selbst zu kümmern. Fabienne Hoelzel stellt die Errichtung des Makoko Neighborhood Hotspots vor, ein Ort im Armenviertel Makoko, der den Anwohnern als Versorgungsstation für urbane Dienstleistungen dient. Er ist zugleich Gemeinschaftszentrum und öffentlicher Treffpunkt und wird kooperativ verwaltet.

Der Makoko Hotspot ist als Pilotprojekt konzipiert und soll in Zukunft zu einem Netzwerk von mehreren Hotspots erweitert werden. Das Zentrum des Hotspots bildet eine Biogasanlage, die mit Fischabfällen als Rohstoff betrieben wird und Gas zum Kochen bereitstellt und damit den schädlichen Ausstoß von Feuerrauch reduziert. Eine Solaranlage produziert Strom, um verschiedene Dienstleistungen anbieten zu können.

Ziel ist es, die notwendigen Investitionskosten für weitere Hotspots künftig nicht mehr über Spenden und Hilfsgelder zu generieren, sondern diese für potenzielle Investoren attraktiv zu machen. Letztlich sollen die Hotspots auch das Interesse der Regierung in Lagos oder anderen Ländern Westafrikas wecken und Wege aufzeigen, wie der dramatische Infrastrukturmangel angegangen werden kann. Nicht allzu selten sind Top-down-Infrastrukturprojekte bisher gescheitert; umso mehr besteht die Hoffnung, dass die Neighborhood Hotspots als *game changer* erkannt werden und langfristig zu einem sanften und sinnvollen Infrastrukturwandel beitragen.

Eine andere Art der (Hilfe zur) Selbsthilfe stellt Siu King Chung aus Hongkong vor. Die Stadt befindet sich seit vielen Jahren in einem rasanten Transformationsprozess. Viele Teile des Zentrums sind weitestgehend erneuert – und damit auch gentrifiziert – worden. Diese Welle der Gentrifizierung breitet sich immer weiter von der Spitze Kowloons Richtung Norden aus. Vor allem die an der Küste gelegenen Stadtteile sind begehrte Entwicklungsgebiete. Entwicklung bedeutet in China aber immer auch Abriss und Verdrängung. Die alten Blockrandbebauungen aus den 1950er Jahren sind oft in einem so erbärmlichen Zustand, dass ein Abriss unvermeidlich zu sein scheint. Dennoch gibt es seit Jahrzehnten gewachsene Gemeinschaften, die sich dort wohlfühlen und mit kleinen Geschäften, Restaurants und Handwerksbetrieben ihren Lebensunterhalt verdienen.

Das Community Museum Project (CMP) wird meist dann aktiv, wenn einer dieser alten Wohnblocks abgerissen werden soll, um neuen Hochhäusern Platz zu machen. Siu zeigt an drei Beispielen, wie verschiedene Kulturschaffende in Zusammenarbeit mit Studierenden und Anwohnern versuchen, gegen einen Abriss vorzugehen. Ihre Methode besteht darin, die Vielfalt und Qualität einer Straße mit ihrer lebendigen Alltagskultur aufzuzeigen. Sie versuchen, ein Bewusstsein für das zu schaffen, was hier teilweise seit mehreren Generationen gewachsen ist und deutlich zu machen, dass diese alt und schäbig aussehenden urbanen Räume eine hohe Lebensqualität haben.

Das „Zeigen" ist hierbei die Aufgabe der Beteiligten des CMP. Sie erarbeiten gemeinsam mit den Bewohnern, ähnlich wie ein Museum, Material zur indigenen Kreativität und Kultur und stellen dieses aus; nicht in einem bestehenden Museum, sondern dort, wo sie es gefunden haben: auf der Straße, in Geschäften oder Gemeindezentren. Sius Beitrag verdeutlicht, mit welchen Methoden gearbeitet wird und in welcher Art und Weise es gelingt, die Bewohner des Viertels aktiv zu beteiligen.

Neben der direkten Produktivität in urbanen Gärten in Europa und dem Erarbeiten und Bereitstellen von Dienstleistungen durch den Neighborhood Hotspot in Lagos ist dies eine weitere Variante, wie die Bewohner aktiv in die Mit- und Umgestaltung urbaner Lebenswelten einbezogen werden können. Trotz der unterschiedlichen Herangehens- und Wirkungsweisen zielen alle drei Beispiele vor allem darauf ab, ein neues Bewusstsein zu schaffen, eine neue Sicht auf die jeweils vorgefundene Situation und die Möglichkeit einer einfachen und kreativen Lösung, die innerhalb bestimmter Rahmenbedingungen allen Beteiligten Freiraum zur individuellen und kreativen Gestaltung lässt.

Die Fotografie als Medium des „Zeigens" in der Stadtforschung

Das „Zeigen" fungiert in den Arbeiten des Community Museum Project in Hongkong als zentrale Methode, um Aufmerksamkeit für bestimmte Sachverhalte zu erzeugen. „Gezeigt" werden neben Grafiken, Plänen und Skizzen, Videos und Texten auch Fotografien. Fotografien spielen in der Auseinandersetzung mit Stadt immer wieder eine große Rolle, sei es bei der Planung, dem Marketing oder in der Forschung. Auch in diesem Band werden Fotografien auf die unterschiedlichste Art und Weise gebraucht. In den Beiträgen des zweiten Kapitels werden sie zur Veranschaulichung der Sachverhalte, die im Text behandelt werden, genutzt. In Kai Ziegners künstlerischem Beitrag fungieren sie dagegen offener und assoziativer. Sie vermitteln eine Stimmung, die nicht allein aus dem Bild entsteht, sondern aus der Resonanz mit dem dazugehörigen Text. Sie sind keine Illustration, sondern zeigen das Unzeigbare.

Eine weitere Art des Gebrauchs von Fotografien findet sich in den letzten beiden Beiträgen des Buches von Jürgen Hasse und Philipp Sarasin. Beide sind im wissenschaftlichen Bereich zu Hause und verwenden – man möchte fast sagen *dennoch* – die Fotografie als Medium; Fotografien, die sie selbst aufgenommen haben. Während Hasse sich in seinem Beitrag auch intensiv mit dem theoretischen Hintergrund von Fotografie beschäftigt, erläutert Sarasin seine explizit subjektive Herangehensweise. Beiden ist dennoch die Frage wichtig, was Fotografien zu einem besseren Verständnis von Stadt und urbanem Leben beitragen können.

Jürgen Hasse kreist in diesem Zusammenhang um den Begriff der Autopsie und versteht diese als „phänomenologisches Projekt". Er zeigt auf, wie über das „aufmerksame Selbst-hinsehen" eine Mikrologie der Stadt entstehen kann. Eine Mikrologie, die über das Medium der Fotografie funktioniert. Als Beispiel dienen Hasse Fotografien, die er in den letzten Jahren aufgenommen hat. Der Blick fällt dabei auf etwas gänzlich Gewöhnliches: auf Garagen. Dieses „Infra-Gewöhnliche" (Georges Perec) bietet Anschauungsmaterial für eine vertiefte Auseinandersetzung mit der Frage, in welchem Verhältnis Fotografien zu dem stehen, was wir Realität oder Wirklichkeit nennen. Hasse verfolgt eine phänomenologische Spur, die ihn zum Thema des „gelebten" Raums und der Atmosphäre führt. Sowohl der gelebte Raum, aber vor allem die Atmosphären explizieren als „ins Bild gesetzte Atmosphären" Bedeutungen. Im Sinne des Phänomenologen Hermann Schmitz sind dies „ganzheitlich verklammerte Bedeutungen, die in Situationen nisten". Sie übertragen sich in ihrer Gefühlsqualität ins individuelle leibliche Befinden. Die Garagenbilder von Jürgen Hasse sind in diesem Sinne Nistplätze komplexer Bedeutungszusammenhänge, die durch das wache Selbst-hinsehen – die Autopsie – hervortreten. Die phänomenologische Autopsie erfordert das selbst-hinsehende und -hinspürende Finden von Mustern in der urbanen Welt. „Erkundungen des Kleinen" dieser Art können so als mikrologische Methode der phänomenologischen Stadtforschung verstanden werden.

Sind die Garagenbilder von Jürgen Hasse vor allem in Deutschland situiert, zeigen uns die Bilder von Philipp Sarasin urbane Welten aus den sogenannten *global cities*. Sarasin ist – und dies als Historiker – an der Gegenwart interessiert; daran, wie die Orte aussehen, in denen wir weltweit leben. Ihn interessieren nicht die „Sehenswürdigkeiten", sondern, ganz ähnlich wie Hasse, vor allem das Gewöhnliche. Die Bilder sollen nicht „interessant" sein, sondern „gehaltvoll", ja „welthaltig". Um diese „Welthaltigkeit" anschaulich zu machen, verwendet er die Fotografie. „Fotografie ist eine Form, die Welt zu begreifen." Sie soll uns „die Welt zeigen, wie sie ist". Das ist kein leichtes Unterfangen, da Fotografien keine Abbildungen sind, sondern Bildgebungen;

viele Entscheidungen gehen dem fertigen Bild voraus. Sarasin ist sich dessen bewusst und spricht von einem „beinahe naiven, leichtsinnigen Satz“ – und verteidigt ihn dennoch. Es sei keine Frage der technischen Möglichkeiten, ob Fotografie die Welt zeigen kann, wie sie ist, sondern eine Frage der Haltung des Fotografen. Warum, wie und was fotografiere ich? Die Bilder müssen einerseits dem eigenen Blick entsprechen und *als* (m)ein Bild erkannt werden und andererseits die Stadt so zur Anschauung bringen, wie sie *ist*. Sarasins Bilder wollen deshalb auch nicht anklagen oder kritisieren, sie wollen „zuallererst einmal sichtbar machen“. „Die Bilder sollen über die Stadt sprechen, nicht darüber, wie ich sie fühle“, so formuliert Sarasin seinen Anspruch und nennt seine Art des Fotografierens in Anlehnung an den deutschen Fotokünstler Edmund Kuppel „analytische Fotografie“.

Die ambivalente Stadt zeugt von der grundlegenden Ambivalenz des heutigen Lebens. Dieser sollten wir nicht ablehnend, sondern offen und wohlwollend begegnen. Denn die gewohnte (dualistische) Aufteilung in sicher/unsicher oder schön/hässlich[1] greift, wie den Beiträgen dieses Bandes zu entnehmen ist, beim Versuch die Stadt zu verstehen, zu kurz. Zu einfache Zuordnungen wie Sauberkeit gleich Sicherheit sind gefährlich und führen zu einer Verengung des Blicks. Dagegen führt eine non-dualistische Sicht, beziehungsweise das Akzeptieren von Widersprüchen in die Offenheit; eine Offenheit allerdings, die, weil sie vieles zulässt, nicht von jedem akzeptiert werden kann. Oft löst diese Offenheit Unsicherheit, ja sogar Angst aus, da die gewohnten Entscheidungsmuster nicht mehr gültig zu sein scheinen. Aber angesichts der zunehmenden Komplexität unseres Lebens, die sich immer auch in unseren Städten spiegelt, scheint es notwendig zu sein, sich mit ambivalenten Denkweisen auseinanderzusetzen und diese nicht vorschnell abzulehnen. Nur so kann Stadt Vielfalt sein und auch in Zukunft bleiben.

Anmerkungen

1 Krusche, Jürgen: „Berlin ist hässlich – und das ist gut so! Der Wert des Hässlichen im Urbanitätsdiskurs“. In: *Arch+* 201/202: Berlin, März 2011, S. 62–65.

Tendenzen und Analysen

Urbaner sozialer Wandel

Von der sozial gemischten Stadt zur segregierten und fragmentierten Stadt?

Jens S. Dangschat

Stadtgesellschaften werden in der Regel als offen, tolerant und kreativ angesehen. Gerade der „Europäischen Stadt“[1] wurde lange zugetraut, als eine „Integrationsmaschine“ zu wirken. Mit dieser idealtypischen und verallgemeinernden Sichtweise wird ausgeblendet, dass es Städte gibt, die zwar als „europäisch“ bezeichnet werden können, aber den impliziten Annahmen – zumindest in einigen Teilgebieten – nicht entsprechen.

Wirth (1938) hatte „Stadt“ als einen Ort mit einer gewissen Größe, Dichte und gesellschaftlicher Vielfalt definiert. Spätestens seit Simmel (1903) steht die Frage, wie Stadtgesellschaften mit der stadtimmanenten sozialen Vielfalt und der räumlichen Nähe zum Fremden umgehen, im Mittelpunkt sozialwissenschaftlicher Reflexion. In Abgrenzung zum ländlichen Raum und zur Kleinstadt, die durch eher homogene Gesellschaften gekennzeichnet sind, stehen unterschiedliche Erwartungen und Kohäsionsbemühungen im Zentrum der künstlerischen, wissenschaftlichen und politischen Befassung mit „Stadt“. Soziale Vielfalt lässt sich offensichtlich zivil nur dann gestalten, wenn es ein ausgewogenes und zugleich fluides Verhältnis aus Nähe und Distanz gibt. Für den Stadtsoziologen Bahrdt (1961) ist eine Stadt daher auch ein Ort partieller Integration.

Die Anonymität der Stadt ermöglicht es, sich nur in Teilen oder vorübergehend auf Nachbarschaft, Arbeitsplatz, Vereine und Feste einzulassen. Während man in Kleinstädten und Dörfern „immer präsent“ sein sollte, kann man sich in der (Groß-)Stadt aus dem Weg und aus dem Sinn gehen. Breitfuss (et al. 2006) definiert daher eine soziale Integration im urbanen öffentlichen Raum als gelungen, wenn es (nahezu) allen sozialen Gruppen möglich ist, situativ den Abstand zu anderen sozialen Gruppen selbst bestimmen zu können.

Gegenwärtig wird jedoch zunehmend darüber diskutiert und geschrieben, dass die „Integrationsmaschine ‚Stadt'" aus dem Rhythmus gekommen sei – der Integrationsmotor stottere. Nicht nur in der hoch emotionalen Auseinandersetzung über den richtigen Weg zur Integration der Geflüchteten und Asylanten wird die These vertreten, dass gerade die Großstädte mit ihrer Integrationsaufgabe überfordert seien.

In diesem Beitrag gehe ich zuerst auf die Ausdifferenzierung der Stadtgesellschaften und der sozial selektiven Verortung sozialer Gruppen ein. Die ungleiche Verteilung der Wohnstandorte unterschiedlicher Haushalte (residenzielle Segregation) ist ein zentrales Thema bei der Frage, wie unterschiedliche soziale (Rand-)Gruppen in die Gesellschaft integriert werden (Dangschat 2014a). Danach werden die Vor- und Nachteile gesellschaftlicher Vielfalt betrachtet, die in den sogenannten *creative industries* entwickelt und von Florida (2005) auf die Großstädte übertragen wurde. In gegenwärtigen modernen Stadtgesellschaften zeigt es sich jedoch, dass die gesellschaftliche Vielfalt viele Bürger überfordert. Wie also umgehen mit der urbanen gesellschaftlichen Vielfalt, damit die integrative Kraft der „Europäischen Stadt" wieder gestärkt werden kann?

Gesellschaftliche Vielfalt und Diversität

Unabhängig von der theoretischen Konzeption wird behauptet, dass die „Vielfalt sozialen Lebens [...] in den letzten Jahrzehnten enorm zugenommen" habe (Pries 2013: 13). Dabei bezieht man sich zum einen auf die Zahl der Dimensionen und zum anderen auf die Intensitäten innerhalb dieser einzelnen Dimensionen. Doch bereits vor knapp 120 Jahren konstatierten Klassiker der Soziologie wie Durkheim, Tönnies, Weber und Simmel im Zuge der Industrialisierung und der Stadtentwicklung eine zunehmende soziale Ungleichheit und wachsende gesellschaftliche Vielfalt. Simmel (1992: 456) sieht gerade in einer gesteigerten (urbanen) Vielfalt die Möglichkeit, dass eine neue soziale Ordnung gebildet und gefestigt wird, dass Menschen jeweils sehr unterschiedlichen sozialen Kreisen angehören, die sich hinsichtlich ihrer Wertvorstellungen durchdringen („Kreuzung sozialer Kreise").

Die aktuellen Diskurse über eine zunehmende Vielfalt in den Städten werden jedoch weitgehend ohne empirische Evidenz geführt, was sowohl für die Sozialwissenschaften als auch die planende Verwaltung und Kommunalpolitik zu Problemen führt. Es gibt im Rahmen sozialwissenschaftlicher Stadtforschung zwar Hinweise auf (wieder) wachsende soziale Ungleichheiten, die sich zudem räumlich niederschlagen und sich so in ihrer polarisierenden Weise verstärken (Alisch/Dangschat 1998).

Wurde bis in die 1970er Jahre hinein soziale Ungleichheit in der Regel mit einem Konzept und nur wenigen Merkmalen beschrieben (Schichtung beispielsweise über Bildung, berufliche Position, Einkommen und bisweilen auch Prestige), so wurden seit den 1980er Jahren unter anderem auch Geschlecht, Ethnizität, Rasse, Alter, Generation, Haushaltstyp oder auch Wohnungs-/Hausbesitz (*housing class*) als „neue soziale Ungleichheiten" hinzugefügt (Dangschat 2007). Die quantitative und qualitative Zunahme der als zentral betrachteten Dimensionen sozialer Ungleichheit kann bereits als Hinweis auf eine wachsende gesellschaftliche Vielfalt gesehen werden, die auf die späten 1970er Jahre zurückgeht. Bei den „neuen sozialen Ungleichheiten" „jenseits von Klasse und Stand" (Beck 1983) ging man von quer zu den traditionell vertikal organisierten Ungleichheiten liegenden Kategorien aus – ein Hinweis darauf, dass sich insbesondere die bildungsorientierten Mittelschichten horizontal ausdifferenziert haben. Bourdieu (1982) nannte dies die „feinen Unterschiede", die mittlerweile jedoch in manchen gesellschaftlichen Feldern als die zentralen angesehen werden (Geschmack, Moden, Lebensstile).

Seither gibt es innerhalb der Sozialwissenschaften unterschiedliche Vorstellungen über das Ausmaß und die Art gesellschaftlicher Strukturierung. Sie reichen von

- dem *Beibehalten traditioneller Sichtweisen* auf Schichtung (Bildung ist die entscheidende Kategorie für berufliche Integration und gesellschaftliche Positionierung, Geißler 1994) oder Klasse (die ausgedehnte Globalisierung verstärke nicht nur die Polarisierung zwischen Zentrum und Peripherie, sondern sorge auch innerhalb der Nationalstaaten respektive Stadtregionen, die zu den „Modernisierungsgewinnern" zählen, für verfestigte Ungleichheitsstrukturen und vertiefende Spaltungen – man dürfe sich bei der Betrachtung der Erscheinungsformen wie Lebensstile nicht über die nach wie vor wirksamen Tiefenstrukturen sozialer Benachteiligung täuschen lassen, Dangschat 1998);
- über die *Verfolgung der „Individualisierungsthese"*[2] (Beck 1995), mit der behauptet wird, dass sozialisationsprägende Merkmale wie Herkunft, Bildung, Haushaltstyp, Wohnort an Bedeutung verlieren respektive bereits verloren haben; kennzeichnend seien daher die

„Bastel-Existenzen“ als Folge selbst gewählter identifikativer Bezüge, was durch die Fähigkeit, sich in unterschiedlichen sozial(räumlich)en Situationen zu bewegen, als „neue soziale Kompetenz“ untermauert wird;

- bis zur *These der gesellschaftlichen Neuorganisation* entlang von vielfältigen Wertemustern (soziale Milieus) und Verhaltensweisen (Lebensstile), die zum einen als in Klassen und sozialen Lagen eingebettet oder zum anderen als unabhängig von sozialen und räumlichen Strukturdaten angesehen werden (Dangschat 2014b).

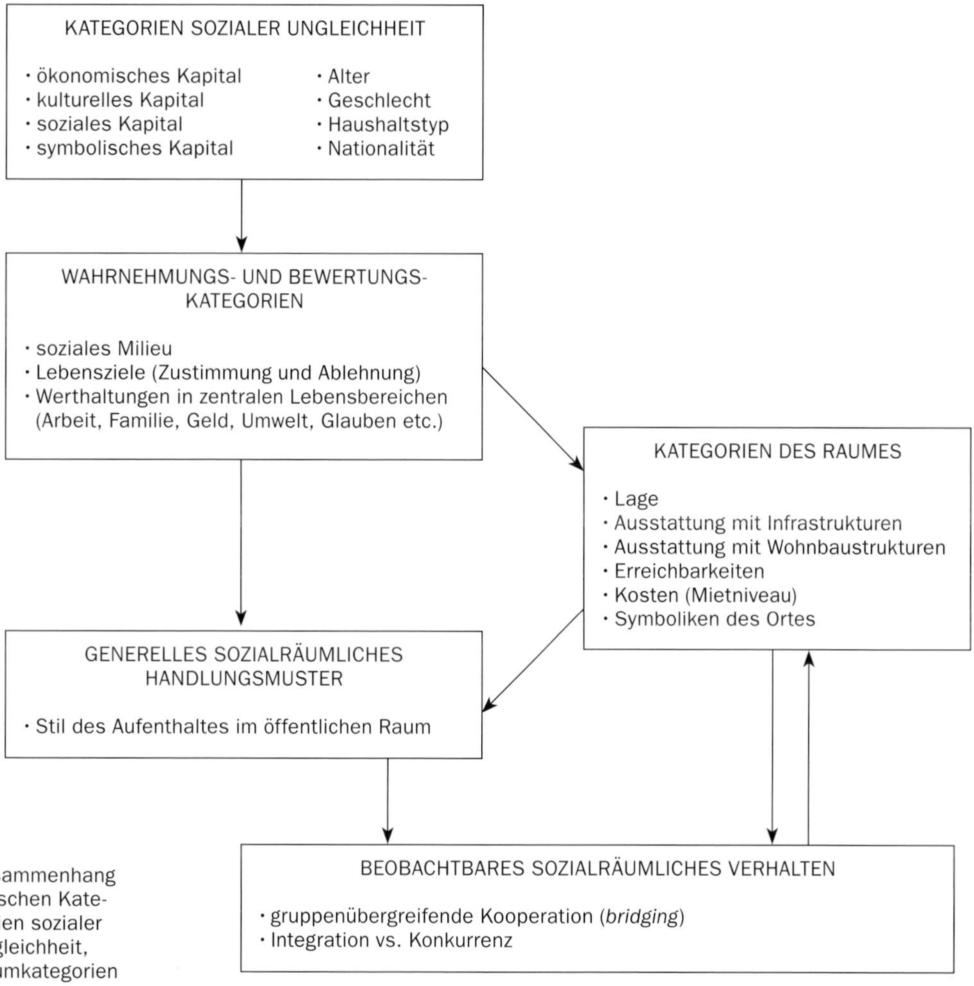

1
Zusammenhang zwischen Kategorien sozialer Ungleichheit, Raumkategorien und sozialräumlichem Verhalten (am Beispiel der Nutzung des öffentlichen Raums)

In der Regel werden innerhalb der Soziologie soziale Ungleichheiten jedoch unabhängig von den Orten des Wohnens und anderer Aktivitäten betrachtet. Dies ist jedoch insofern unzureichend, als die Ausstattung und Erreichbarkeit von Orten, die Exponiertheit gegenüber Immissionen (Lärm, Staub, Erschütterungen) und letztlich auch das Image städtischer Teilgebiete den jeweils dort Wohnenden bessere respektive schlechtere Lebensumstände ermöglichen. Bourdieu (1991) spricht von einem Clubeffekt für ressourcenstarke Gruppen und einem Ghettoeffekt für die Habenichtse als unterschiedliche Lokalisationsprofite. In Abbildung 1 sind die Zusammenhänge dargestellt.

Soziale Mischung vs. residenzielle Segregation

Innerhalb der Politik und der Kommunalverwaltungen hat sich die Vorstellung verfestigt, dass räumliche Konzentrationen von Menschen mit Zuwanderungshintergrund und/oder armen Menschen für deren Integration in die (Aufnahme-)Gesellschaft hinderlich seien. Es wird befürchtet, dass bei einer (zu) hohen Konzentration nur noch die Sprache des Herkunftslandes gesprochen respektive sich eine „Kultur der Armut" entwickeln werde. Es bestünde die Gefahr, dass die Zugewanderten in einer geschlossenen Kulturwelt verbleiben, was insbesondere dann problematisch sei, wenn diese sich sehr stark von der des Aufnahmelandes („Leitkultur") unterscheiden und zu „Parallelgesellschaften" führen würden. Wenn der Zuwanderungsgruppe zudem ein erhöhtes abweichendes oder kriminelles Verhalten unterstellt wird, dann steigern sich noch einmal die Befürchtungen und es werden in der Folge auch die Kontrollmechanismen intensiver. Entsprechend werden von nahezu allen Kommunen „durchmischte Quartiere" gefordert, weil hier die Chancen zur Integration deutlich höher seien; hier gäbe es eine tägliche Anschauung dafür, wie man sich „richtig" zu verhalten habe – Münch (2014) spricht in diesem Zusammenhang jedoch von einem „Mantra der Mischung".

Das Durchmischungskonzept basiert auf der Annahme über die Gültigkeit der sogenannten Kontakthypothese. Danach nimmt die Zahl der sozialen Kontakte zu „Anderen" zu, wenn „Andere" und die eigene Gruppe nahe beieinander wohnen. Diese mathematische Wahrscheinlichkeit wird sozial aufgeladen, weil häufigere Kontakte auch intensivere Kontakte zur Folge haben. Das bessere wechselseitige Kennenlernen der jeweils „Anderen" führe – so die These – letztlich dazu, dass das „Fremde" an Bedeutung verliere und dass man schrittweise lerne, die „Anderen" zu verstehen. In diesem Zusammenhang würden Verunsicherungen, Vorurteile und Befürchtungen abgebaut werden, man könne „die Anderen" besser einordnen und schaffe sich so die Voraussetzung dafür, auf „die Anderen" zuzugehen. Das Verstehen führe schließlich zur Fähigkeit der Rollenübernahme, es entstünden Vertrautheiten, Freundschaften – die ursprünglich wahrgenommenen Unterschiede würden bedeutungslos und es gelinge den unterschiedlichen sozialen Gruppen vor Ort, eine gemeinsame Identität herauszubilden (Dangschat 2011).

Das Problem dabei ist, dass die Kontakthypothese vor allem bei Personen mit hohen ökonomischen, kulturellen, sozialen und kommunikativen Kompetenzen funktioniert – und eben nicht oder kaum bei Menschen mit umgekehrten Vorzeichen. Bei ihnen führen tägliche Kontakte nicht nur zu einem Beibehalten der Vorbehalte, der Ängste und des Konkurrenzdenkens, sondern sie vertiefen sich in dem Maße, wie das räumliche „Aufeinanderkleben" als unausweichlich empfunden wird. Dann verfestigen und radikalisieren sich häufig das Ausgrenzen und die Aggressionen und es entsteht in diesen Quartieren eine Mischung aus „Rückzug ins Private", „Überforderung" und sichtbarer Ausländerfeindlichkeit (Dangschat 2016a).

Diese eher integrationsfeindliche Situation ist gerade in den Quartieren wahrscheinlich, in denen sich Konzentrationen der ärmeren und älteren autochthonen Bevölkerung mit jenen mit hohen Ausländeranteilen überlagern – aber genau diese sind die Quartiere im kaum sanierten innenstadtnahen Altbaubestand, in den Wohnanlagen der 1950er und 1960er Jahre sowie in den „Betonburgen" der 1980er Jahre. Hier treffen häufig von sozialem Abstieg gekennzeichnete respektive diesen befürchtende Autochthone auf einigermaßen etablierte Zuwanderungsgruppen[3], die häufig jünger sind, bei denen die Drei-Generationen-Familien und die sozialen Netze noch funktionieren und Rückhalt und Identifikation liefern.

Entscheidend ist daher, wie der „soziale Abstand" zwischen den jeweiligen ethnischen Gruppen vor Ort empfunden wird, wie das Gerechtigkeitsempfinden aufgrund der eigenen sozialen Lage berührt ist und ob das Gefühl stark ist, „von denen da oben" vergessen worden zu sein. Gerade unter der älteren autochthonen Bevölkerung ist der Wunsch sehr stark, sich dort, wo man wohnt, zuhause zu fühlen, das heißt die Regeln vor Ort bestimmen zu können. Soziale Durchmischung kann also auch zur Verstärkung sozialer Konflikte führen (beispielsweise im Gemeindebau in Wien nach der erzwungenen Öffnung auch für Zugewanderte aus Drittstaaten oder aber durch die Gentrifizierung in Ottakring).

Aufgrund der oberflächlichen Strukturdaten (Nationalität, Religion, Migrationshintergrund) gibt es keinen überzeugenden empirischen Beleg dafür, dass eine soziale Mischung in Wohnquartieren Westeuropas einen positiven Einfluss auf gelingende Integration hat – weder in Armutsquartieren noch in Gebieten mit einem hohen Ausländeranteil (siehe die Beiträge in Blasius et al. 2008; Farwick 2009). Es fehlen daher zum einen hinsichtlich der beteiligten Gruppen differenziertere Fallstudien. Zum anderen werden „Nachbarschaftseffekte" vermutet, meist jedoch, ohne diese genauer zu spezifizieren (Dangschat 2014b; Dangschat/Alisch 2014). Liegen diese in der Zusammensetzung der Bevölkerung (was die formulierte Kernannahme ist) oder eher doch im sozialen Miteinander (soziale Netze, Kontaktdichten und -intensitäten), in der infrastrukturellen Ausstattung (insbesondere mit Schulen), in Erreichbarkeitsfaktoren (insbesondere Erreichbarkeit von Ausbildungseinrichtungen und Arbeitsplätzen), an belastenden Immissionen (Lärm, Abgase, Erschütterungen) oder den von außen zugeschriebenen Vorurteilsmustern?

Anhut/Heitmeyer (2000) haben empirisch ermittelt, dass eine (nicht) gelingende Integration nicht vom Ausländeranteil abhängig ist (allenfalls gering von einem hohen Anteil einer einzelnen Zuwanderungsgruppe: „Klein-Istanbul"), sondern von der politischen Kultur, dem sozialen Klima, von institutionellen Netzwerken, von Deutungs- und Sinnstrukturen sowie den Handlungszielen der Menschen vor Ort.

Selbst wenn man auch unter diesen eigentlich unklaren Bedingungen eine soziale Mischung herbeiführen möchte, kann es wissenschaftlich nicht belegt werden, wie hoch der Anteil einzelner Gruppen sein und auf welcher Aggregationsebene (Stiegenhaus, Block, Grätzl, Bezirk etc.) dieser festgelegt werden sollte.

Das heißt, eine Strategie der sozialen Mischung muss wohl überlegt sein: Erstens ist zu prüfen, wie distanziert die sozialen Gruppen vor Ort sind.[4] Je höher der Abstand ist, desto aufwändiger ist es, die Brücken zwischen den Gruppen zu bauen. Zweitens ist daraufhin der Einsatz der Mittel zu überprüfen – reichen diese für einen angemessenen Brückenbau nicht aus oder lassen sie sich anderwärtig mit einem höheren Effizienzbeitrag zur Unterstützung der Integration einsetzen, sollte man die Durchmischung nicht forcieren (Dangschat 2016b). Drittens: Um eine „günstige" Mischung zu erzielen, bedarf es einer sehr sorgfältigen, mit viel Fingerspitzengefühl und Vor-Ort-Kenntnissen ausgestatteten Steuerung sowie einer sinnvollen Begleitung der Kommunen respektive der Wohnbauträger.

Soziale Mischung kann also ein strategisches Ziel sein. Sie sollte jedoch nicht auf der Basis statistischer Strukturdaten, sondern aufgrund sorgfältig beobachteter und intensiv unterstützter sozialer Prozesse gestaltet und entwickelt werden. Da die sozialen Konstellationen sehr „sensibel" sind, kann man sich auf eine einmal erreichte soziale Mischung als Erfolgsgarant nicht verlassen. Der Blick auf die „richtige" Konstellation von Nationalitäten führt zudem dazu, dass die gesellschaftliche Vielfalt eindimensional, also „einfältig" betrachtet wird und auf diese Weise Entwicklungsmöglichkeiten und -risiken übersehen werden (Dangschat 2013a).

Die Übertragung der unternehmerischen Vielfalt auf die Stadtentwicklung

Seit den 1990er Jahren hat sich innerhalb von Branchen der neuen Dienstleistungen ein neues Verständnis von *diversity management* etabliert. In den Bereichen, die stark auf Kreativität und daraus erwachsenden Innovationen setzen, war Vielfalt von Beginn an ein *asset*. Das Credo lautet: Bringe unterschiedliche Geschlechter, Nationalitäten, Lebensentwürfe, Wertvorstellungen, Altersgruppen und Lebensstile zusammen, unterstütze das „Aufeinanderprallen" unterschiedlicher Sichtweisen, Interpretationen, Wertungen, Erfahrungen und Routinen und „ernte" neue Ideen, Verfahren, Produkte und Marketingbotschaften.

Die modische Forderung nach einem *diversity management* hat unterschiedliche Treiber: Zum einen liegt sie im Trend der Governance-Aktivitäten – da klingt „Management" immer gut. Die *diversity*-Rhetorik hat letztlich durch die umfangreich wahrgenommenen Thesen von Florida (2005) über die drei zentralen „t's" (*talents, tolerance, technology*) die Orientierung an den urbanen wirtschaftlichen Wachstumskernen und einer gebildeten, toleranten und technikaffinen Bevölkerung forciert. Das bedeutet aber auch, dass die Modernisierungsverlierer von den traditionellen Parteien zunehmend übersehen werden.

Im Gegensatz zum sozialintegrativen Verständnis der sozialarbeiterischen Stadtplanung, die mit der vorhandenen Vielfalt vor Ort „arbeitet", wird beim betrieblichen *diversity management* jedoch nur diejenige Vielfalt wertgeschätzt, die sich als Humankapital positiv auf den Markterfolg des Unternehmens auswirkt (Meuser 2013: 168). Erst unter dieser Einschränkung wird „Vielfalt" als Humanressource angesehen; damit ist Vielfalt kein Problem (mehr), sondern sie wird zur Lösung der Herausforderungen (gemacht) (Terkessidis 2011).

Überforderungen durch gesellschaftliche Vielfalt

Diese Beschleunigungen und Vielfaltsexkursionen sind jedoch mental sehr anstrengend. Nicht nur, dass in Westeuropa die Berufsunfähigkeit aufgrund mentaler Probleme zunimmt – die Frage ist, wie nutzen diese erfolgreichen Erwerbstätigen ihre Freizeit und ihre Stadt? Treffen sie sich nicht zum *chill-out* oder zum *business lunch* unter Gleichen an immer gleichen Orten? Bedeutet das Verschwimmen der Grenzen zwischen Freizeit und Erwerbsarbeitszeit nicht auch, dass berufliche Kontakte eine noch größere Rolle spielen?

Die aktuelle Situation wird als post-faktisch dargestellt. Damit ist gemeint, dass gerade politische Wahlentscheidungen nicht von der Realität, sondern deren subjektiver Interpretation bestimmt seien. Bei dieser Einschätzung verbinden sich zwei unterschiedliche Elemente, die für die Auswirkungen gesellschaftlicher Vielfalt relevant sind. Erstens: Menschen handeln danach, wie sie objektive Sachverhalte bewerten, und zweitens: Gerade populistische Parteien, aber auch soziale Medien[5] „verdrehen" die Tatsachen zu bestimmten Bewertungen, die dann als „wahr" interpretiert werden.

Um diese Verschiebungen wissenschaftlich einordnen zu können, hat Pries (2013: 24–25) hinsichtlich des Entstehens von Sozialräumen – verstanden als relevante sozialräumliche Figurationen wie Nachbarschaft, Arbeitsplatz oder soziale Netze – und deren Inhalten die folgende Unterscheidung vorgenommen (siehe auch Abb. 2, S. 30):

Sozialraum – Entstehung:

- *essentialistisch:* Der Sozialraum konstruiert sich aus Strukturen (Nationalität, Ethnie, Geschlecht, Schicht) und den zugeschriebenen Symbolsystemen.
- *konstruktivistisch:* Der Sozialraum konstruiert sich aus Kognitionen (Wahrnehmung und Bewertung) und Handlungen der Akteure.

Sozialraum – Inhalt:

- *substanziell:* Der Sozialraum ist ein abgegrenzter Containerraum der hinsichtlich der Artefakte, Symbole und Praktiken für sich existiert.
- *relational:* Der Sozialraum ist durch die Wahrnehmung Anderer hinsichtlich der Werte, Symbole und Praktiken andersartiger Sozialräume bestimmt.

Vielfalt bedeutet, sehr unterschiedliche Informationen wahrnehmen und (vor dem Hintergrund eigener Erfahrungen) einordnen und bewerten zu müssen. Eine steigende Vielfalt ist daher grundsätzlich nur begrenzt auszuhalten. Die Moderne ist – so ist zumindest die überwiegende Wahrnehmung – von steigender Vielfalt geprägt; es ist daher die Herausforderung, den *information overflow* sinnvoll zu reduzieren. Hierbei funktionieren Menschen jedoch häufig unzureichend, weil sie in einer Situation mit einem Zuviel an Informationen vor allem auf zwei Arten von Informationen achten: a) auf solche, die sie „abhaken" können, weil sie dem Vertrauten entsprechen – das stärkt die Vorurteile und die Verhaltensroutinen und b) auf solche, die Gefahr signalisieren. Damit letztere Situation nicht eintritt, werden schon Gefährdungswahrscheinlichkeiten, Risikokonstellationen und Verunsicherungen als „Vorwarnsysteme" genutzt, was sich beispielsweise in der steigenden Kriminalitätsfurcht bei nahezu konstanten Kriminalitätsraten in Großstädten zeigt.

In den vergangenen Jahrzehnten haben sich die Informationen über zunehmende Risiken und Gefahren deutlich vermehrt. In einer solch vielschichtigen Gemengelage von Gefährdungen[6] nehmen Verunsicherungen und Gerechtigkeitsdiskurse in einer Gesellschaft zu. Sozialwissenschaftler deuten die gesellschaftlichen Folgen als „Enttraditionalisierung, Pluralisierung, Individualisierung, Informatisierung, [...], Kommerzialisierung, [...], Globalisierung, Mediatisierung", was mit einem „gravierenden Bedeutungsverlust überkommener Formen sozialer Kohäsion" verbunden ist (Hitzler 2013: 65). Das führe zudem zu einer wachsenden Sehnsucht vieler Menschen nach klaren essentialistischen Reduktionen der Komplexität (Pries 2013: 35).

Von solchen Verunsicherungen sind besonders die prekären Gruppen betroffen. Sie leben in benachteiligenden Quartieren, wo die Integrationsherausforderungen besonders vielfältig und hoch sind. Diese sind zudem meist Orte schlechter Wohnungsbestände, unzureichender Infrastrukturen und vernachlässigter öffentlicher Räume – also die *hot spots* der Stadterneuerung. Das hat fatale Folgen für den Umgang mit Vielfalt, denn dort, wo sie hoch, vielschichtig und diskriminierend ist, sind die Menschen am wenigsten selbst dazu in der Lage, die unterschiedlichen Verhaltensweisen und Interessen im Sinne der Integration „unter einen Hut" zu bekommen.

In einer solchen Situation neigen Menschen dazu, auf „Entlastungsstrategien" zurückzugreifen, indem sie anderen sozialen Gruppen oder „denen da oben" die Schuld an der überfordernden sozial-räumlichen Situation geben, um von den eigenen Überforderungen abzulenken. Dazu ist es wichtig, die Schuldigen benennen zu können – dies geschieht in der Regel entlang essentialistischer Konzepte wie Nationalität, Sprache oder Religion (als benennbare Merkmale der Ethnie), legitimiert darüber, dass diese Kategorien auch von staatlichen Institutionen angewendet werden (Rechte von Angehörigen aus Drittstaaten, Spracherwerb als Voraussetzung für Einwanderungs- und Aufenthaltsrechte).

Auch die Mittelschichten sind von der vielfältiger werdenden Gesellschaft tendenziell überfordert. Das drückt sich in Sorgen um den Erhalt des Arbeitsplatzes, des sozialen Status und der Zukunftsplanungen (insbesondere nach der Verrentung) aus. Mittlerweile zeigen sich in den Mittelschichten beispielsweise in Deutschland auch ökonomische Abstiegstendenzen (Burzan/Kohrs 2013). Diese Verunsicherung der Mittelschichten ist vor allem deshalb besorgniserregend, weil stabile Mittelschichten als Garant für eine gelungene Kohäsion angesehen werden.

Die branchenspezifischen Anforderungen moderner Dienstleistungen erfordern zudem mit Kreativität, sozialen Innovationen, Kommunikationen „über die sozialen Grenzen", Risikobereitschaft, Fehlerresistenz und unternehmerischer Verantwortung verstärkt neue menschliche Fähigkeiten, die jedoch nicht nur als „neue Freiheiten" von deren Pionieren betrachtet, sondern auch als zunehmender mentaler Stress wahrgenommen und verarbeitet werden, was sich in der Zunahme von Burn-Out-Phänomenen und von Arbeitsunfähigkeit durch mentale Krankheiten zeigt. Hat die erste industrielle Revolution noch Körperkräfte, Muskulatur, Sehnen und Skelette herausgefordert, wurde im Zuge der tertiären Revolution das Wissen von Fakten und Prozessen sowie handwerkliche Fertigkeiten (vermittelt durch Schulbildung und Lehre) zum entscheidenden Ausbeutungsfaktor. Die aktuelle wissensbasierte Dienstleistungsökonomie holt mit den Persönlichkeitsmerkmalen (*soft skills*) nun die letzten Ressourcen aus den menschlichen Körpern und Seelen.

Neben den gesundheitlichen Überforderungen hat die Konzentration auf *diversity management* im beruflichen Sektor möglicherweise auch fatale Folgen für die räumliche Organisation von Stadtgesellschaften. Werden die zunehmenden Rückzugstendenzen in alte und neue Segregationsmuster vor allem über die tendenziell überfordernde gesellschaftliche Vielfalt interpretiert, kann die – bislang empirisch nicht belegte – Hypothese aufgestellt werden, dass die mentale Heraus- und Überforderung im Berufsleben unter anderem dazu führt, dass als Ausgleich hierfür homogene soziale Umfelder in der Frei- und Erholungszeit gesucht werden, was in eng begrenzten Freundeskreisen und (a)sozialen Netzen, vor allem aber im Rückzug ins Themenwohnen, in Baugruppen und mentale *gated communities* zum Ausdruck kommt.

Zunehmende gesellschaftliche Vielfalt bewirkt, dass die Demarkationslinien der Ab- und Ausgrenzung zahlreicher werden.[7] Bildungsnahe Gruppen können den Vielfalts-Integrations-Diskurs aus konstruktivistisch-relationaler Sicht zwar locker bestreiten, so lange es unter der Hand vor allem um die Integration von Zugewanderten und der Armutsbevölkerung geht. Sind aber Themen der Vielfalt berührt, die für sie selbst bedeutsam werden (wie Geschlechterrollen, das Verhältnis von Arbeit und Freizeit, Einstellungen zum Umweltschutz und zur eigenen Mobilität, Medienkonsum, Erziehungs- und Ernährungsfragen), dann verfallen auch sie in substanzielle und essentialistische Interpretationen und Rhetorik.

Vor diesem Hintergrund sind die auch in der prozessbezogenen Raumplanung angewandten Strategien zur Integration von Zugewanderten und prekären sozialen Gruppen zumindest zu überdenken. Gruppen, welche die jeweiligen sozialräumlichen Herausforderungen essentialistisch-substanziell deuten, werden mit Vorschlägen aus konstruktivistisch-relationaler Sicht konfrontiert: sie sollen sich zusammensetzen, sich austauschen und voneinander lernen.[8] Wie „schräg" diese Zumutung ist, mag verdeutlichen, wenn man sich vorstellt, wie bildungsbürgerliche Gruppen darüber denken, wenn sie aufgefordert werden, mit politisch anders Denkenden respektive mit Menschen, die andere Erziehungsstile oder Einstellungen zum Umweltschutz haben, zusammenzukommen, um voneinander zu lernen.

Mit Vielfalt umgehen?

Die gesellschaftliche Vielfalt verunsichert zwar weite Teile der Gesellschaft, doch liegt das weniger an der Vielfalt per se, sondern an möglicherweise zunehmend wahrgenommenen Erscheinungsformen von Verhaltensweisen, die als „befremdlich", „verunsichernd" oder „beängstigend" empfunden werden. Ein Ergebnis dieser Tendenzen ist, dass insbesondere in der (städtischen) Mittelschicht die Zahl der Ab- und Ausgrenzungslinien nach Werten der Lebensführung zunimmt und diese häufiger demonstrativ gezogen werden. Die Folge ist ein zunehmender Rückzug in homogene sozial(räumlich)e Gemeinschaften, eine sinkende Toleranz und geringere Integrationskapazitäten. Durch Vielschichtigkeit und Intensität der Unübersichtlichkeiten nimmt die gesellschaftliche Verunsicherung weiter zu.
Vielschichtigkeit der Vielfalt bedeutet aber auch, dass unterschiedliche Sichtweisen angesprochen werden:

- eher essentialistisch-substanziell von den sozialen Gruppen am unteren Rand der Gesellschaft, die in Quartieren leben, in denen eine hohe Integrationsarbeit unterschiedlicher Nationalitäten, Hautfarben, Sprachen, Religionen und Verhaltensweisen geleistet werden muss;
- eher konstruktivistisch-substanziell, wenn diesen Gruppen vermittelt wird, dass ein Voneinander-Lernen für die Beteiligten vorteilhaft sei;
- essentialistisch-relational, wenn dem betriebswirtschaftlich geprägten Modell des Zusammenführens unterschiedlicher Wertvorstellungen, Ideen, Wissensvorräte (*diversity management* und Quartiersmanagement) gefolgt wird und
- konstruktivistisch-relational durch die gehobenen Bildungsschichten, die (kritischen) Sozialwissenschaften und letztlich auch von der formulierten Zielsetzung der „Integration durch Vielfalt"-Strategien (Abb. 2).

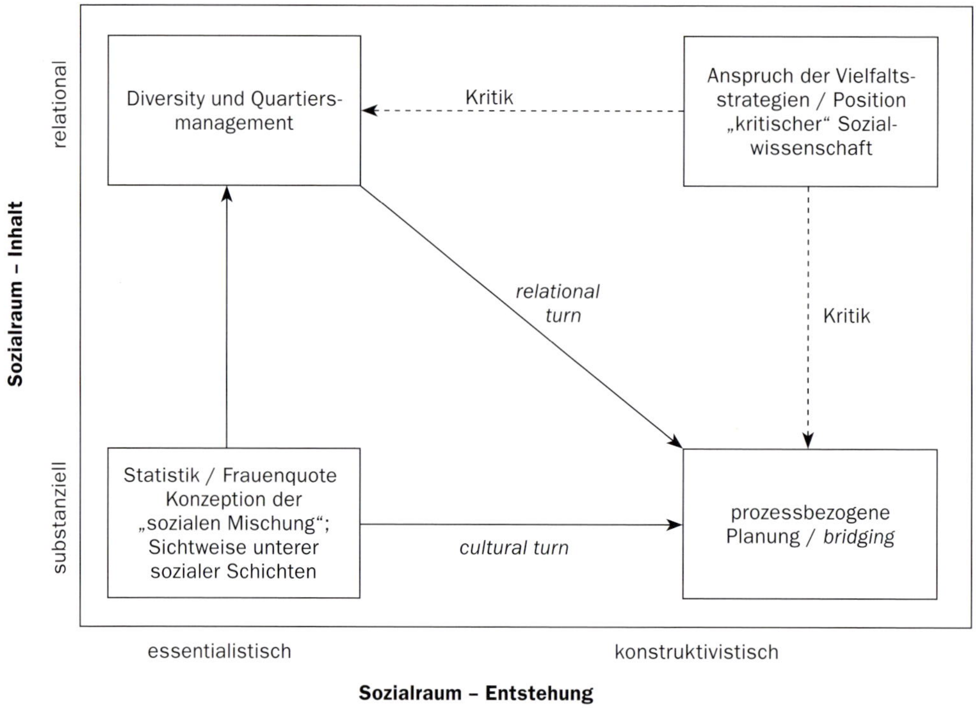

Typologie nach Pries (2013: 24), eigene inhaltliche Anwendung auf Raumplanung

2 Verortungen von gesellschaftlichen Interpretationen und planerischen Praktiken im Sozialraum

Beispielsweise ist es problematisch, wenn aufgrund der Analyse der amtlichen Statistik über Ausländer- oder Armutspopulationsanteile das Konzept der sozialen Mischung verfolgt, in Österreich seit ca. zehn Jahren mit einem Quartiersmanagement „bearbeitet“ und mit einem Vielfaltsdiskurs überformt wird. In diesem Zusammenhang werden die Integrationsherausforderungen auf allen vier analytisch dargestellten Ebenen interpretiert, ohne dass sich die Akteure in der Regel über diese Verschiebungen bewusst werden. Dies wird besonders deutlich, wenn in den „Integration durch Vielfalt“-Strategien die Anforderungen auf soziale Gruppen treffen, welche die Vielfalt essentialistisch-substanziell empfinden und entsprechend deuten. Die darin enthaltenen Empfehlungen, miteinander zu reden und einander zu tolerieren, können daher kaum aufgenommen werden.

Das Beharren auf die eigene Sichtweise und die daraus jeweils abgeleiteten Strategien zur Erweiterung der Toleranz durch die bildungsbürgerliche Mittelschicht und den von ihr beeinflussten „Integration durch Vielfalt“-Strategien stehen meist im Widerspruch zu den eigenen Verhaltensweisen in den für sie problematischen Feldern von Ausprägungen von Vielfalt (beispielsweise Parteienpräferenz, Geschlechterrollen oder zentrale Werte der Lebensführung wie Ernährung, Mediennutzung, Erziehung, Bildung) (Dangschat 2013b). Hier argumentieren auch sie meist mit substanziellen und/oder essentialistischen Kategorien und wären keinesfalls bereit, sich mit den Andersdenkenden zusammenzufinden und voneinander zu lernen.

Die Integration von „unerwünschter Vielfalt" lässt sich also nicht durch ein Beharren auf einer „aufgeklärten Sichtweise" lösen, sondern setzt eine Fülle kommunikativer und kooperativer Prozesse voraus, welche professionell gesteuert und begleitet werden müssen. Das würde aber auch bedeuten, dass der Schwerpunkt in der Förderung von Integration in vielfältig strukturierten Quartieren nicht auf baulich-investive Maßnahmen setzen sollte, sondern auf diese integrativen Prozesse. Sie werden seitens der Politik noch zu oft als „Konsum" angesehen, der im Rahmen der Haushaltskonsolidierungen unter besonderen Druck gestellt wird. Es ist vielmehr eine Investition in das Wertvollste einer Stadtgesellschaft: wachsendes Selbstbewusstsein benachteiligter sozialer Gruppen (*empowerment*), soziale Innovationen, sozialer Zusammenhalt und selbstverantwortliche Demokratie.

Bibliografie

Alisch, Monika/Dangschat, Jens S.: *Armut und soziale Integration. Strategien sozialer Stadtentwicklung und lokaler Nachhaltigkeit*. Opladen 1998.

Anhut, Reimund/Heitmeyer, Wilhelm: „Desintegration, Konflikt und Ethnisierung. Eine Problemanalyse und theoretische Rahmenkonzeption". In: Heitmeyer, Wilhelm/Anhut, Reimund (Hg.): *Bedrohte Stadtgesellschaft. Soziale Desintegrationsprozesse und ethnisch-kulturelle Konfliktkonstellationen*. Weinheim 2000, S. 17–75.

Bahrdt, Hans-Paul: *Die moderne Großstadt*. Reinbek 1961.

Beck, Ulrich: „Jenseits von Klasse und Stand?" In: Kreckel, Reinhard (Hg.): *Soziale Ungleichheiten*. Soziale Welt, Sonderheft 2, Göttingen 1983, S. 35–74.

Beck, Ulrich: „Die ‚Individualisierungsdebatte'". In: Schäfers, Bernhard (Hg.): *Soziologie in Deutschland. Entwicklung, Institutionalisierung und Berufsfelder, theoretische Kontroversen*. Opladen 1995, S. 185–198.

Blasius, Jörg/Friedrichs, Jürgen/Galster, George (Hg.): *Quantifying Neighbourhood Effects. Frontiers and Perspectives*. Milton Park 2008.

Bourdieu, Pierre: *Die feinen Unterschiede. Kritik der gesellschaftlichen Urteilskraft*. Frankfurt a. M. 1982.

Bourdieu, Pierre: „Physischer, sozialer und angeeigneter physischer Raum". In: Wentz, Martin (Hg.): *Stadt-Räume*. Frankfurt a. M./New York 1991, S. 25–34.

Breitfuss, Andrea/Dangschat, Jens S./Gruber, Sabine/Gstöttner, Sabine/Witthöft, Gesa: *Integration im öffentlichen Raum*. Werkstattbericht Nr. 82, hg. von Stadtentwicklung Wien, Magistratsabteilung 18. Wien 2006.

Burzan, Nicole/Kohrs, Silke: „Verunsicherung in der Mittelschicht – eine Herausforderung für sozialen Zusammenhalt?" In: Pries, Ludger (Hg.) *Zusammenhalt durch Vielfalt? Bindungskräfte der Vergesellschaftung im 21. Jahrhundert*. Wiesbaden 2013, S. 101–119.

Dangschat, Jens S.: „Klassenstrukturen im Nach-Fordismus". In: Berger, Peter A./Vester, Michael (Hg.): *Alte Ungleichheiten – Neue Spaltungen*. Sozialstrukturanalyse 11. Opladen 1998, S. 49–88.

Dangschat, Jens S.: „Soziale Ungleichheit, gesellschaftlicher Raum und Segregation". In: Dangschat, Jens S./Hamedinger, Alexander (Hg.): *Lebensstile, Soziale Lagen und Siedlungsstrukturen*. Akademie für Raumforschung und Landesplanung. Hannover 2007, S. 21–50.

Dangschat, Jens S.: „Ohne Migration keine Stadt? Die Segregation oder die Integration der Stadtgesellschaft / No City without Migration? The Segregation or Integration of Urban Society". In: IBA – Internationale Bauausstellung (Hg.): *Metropole: Kosmopolis / Metropolis: Cosmopolis*, Band 5 2011, S. 60–67.

Dangschat, Jens S.: „Soziale Mischung – (k)ein Ruhekissen!?" In: Biffl, Gudrun/Rössl, Lydia (Hg.): *Migration & Integration 3 – Dialog zwischen Politik, Wissenschaft und Praxis. Beiträge zu Bildung & Lernen, Informeller Arbeit, Gesundheit & Migration, Wohnen & Nachbarschaft, Messen & Evaluieren von Integration.* Bad Vöslau 2013a, S. 175–185.

Dangschat, Jens S.: „Von der Integration der Zugewanderten zur ‚offenen Stadt der Vielfalt'". In: *Informationen zur Raumentwicklung* 5/2013b, S. 453–461.

Dangschat, Jens S.: „Residenzielle Segregation". In: Gans, Paul (Hg.): *Internationale Migration.* Akademie für Raumforschung und Landesplanung, Forschungsberichte der ARL 3. Hannover 2014a, S. 63–77.

Dangschat, Jens S.: „Soziale Ungleichheit und der (städtische) Raum". In: Berger, Peter A./Keller, Carsten/Klärner, Andreas/Neef, Rainer (Hg.): *Urbane Ungleichheiten.* Wiesbaden 2014b, S. 117–132.

Dangschat, Jens S.: „Residentielle Segregation nach Nationalität – ein Diskurs voller Widersprüche". In: *Österreichische Zeitschrift für Soziologie 41* 2016a, S. 81–101.

Dangschat, Jens S.: „Über die soziale Mischung und das Brücken-Bauen". In: Biffl, Gudrun/Dimmel, Nikolaus (Hg.): *Migrations Management 2. Wohnen im Zusammenwirken mit Migration und Integration. Wohnungsmarkt, Wohnbedingungen, Wohnungspolitik, Modelle, Wohnbau- und Wohlfahrtspolitik, Globalisierung.* Bad Vöslau 2016b, S. 227–238.

Dangschat, Jens S./Alisch, Monika: „Residenzielle Segregation – Ursachen und vermutete Folgen". In: Gans, Paul (Hg.): *Internationale Migration.* Akademie für Raumforschung und Landesplanung, Forschungsberichte der ARL 3. Hannover 2014, S. 200–218.

Farwick, Andreas: *Segregation und Eingliederung. Zum Einfluss der räumlichen Konzentration von Zuwanderern auf den Eingliederungsprozess*, Reihe: Stadt, Raum und Gesellschaft. Wiesbaden 2009.

Florida, Richard: *Cities and the Creative Class.* New York/Milton Park 2005.

Geißler, Rainer: „Pluralisierte Schichtstruktur der modernen Gesellschaft: Zur aktuellen Bedeutung des Schichtbegriffs". In: ders. (Hg.): *Soziale Schichtung und Lebenschancen in Deutschland.* Stuttgart 1994, S. 6–36.

Hitzler, Roland: „Der Wille zum Wir. Events als Evokationen posttraditionaler Zusammengehörigkeit". In: Pries, Ludger (Hg.): *Zusammenhalt durch Vielfalt? Bindungskräfte der Vergesellschaftung im 21. Jahrhundert.* Wiesbaden 2013, S. 65–82.

Innes, Judith E./Booher, David E.: *Planning with Complexity. An Introduction to Collaborative Rationality.* Milton Park 2010.

Meuser, Michael: „Diversity Management – Anerkennung von Vielfalt?" In: Pries, Ludger (Hg.): *Zusammenhalt durch Vielfalt? Bindungskräfte der Vergesellschaftung im 21. Jahrhundert.* Wiesbaden 2013, S. 167–181.

Münch, Sybille: „Das ‚Mantra der Mischung': Die Problematisierung von ethnischer Segregation in Deutschland und den Niederlanden". In: Gans, Paul (Hg.): *Räumliche Auswirkungen der internationalen Migration.* Forschungsberichte der ARL 3, Hannover 2014, S. 327–343.

Pries, Ludger: „Erweiterter Zusammenhalt in wachsender Vielfalt". In: ders. (Hg.): *Zusammenhalt durch Vielfalt? Bindungskräfte der Vergesellschaftung im 21. Jahrhundert.* Wiesbaden 2013, S. 13–48.

Simmel, Georg: „Die Großstädte und das Geistesleben". In: Petermann, Thomas (Hg.): *Jahrbuch der Gehe-Stiftung, Band 9.* Dresden 1903, S. 185–206.

Simmel, Georg: *Untersuchungen über die Formen der Vergesellschaftung. Gesamtausgabe, Band 11.* Frankfurt a. M. 1992 [1908].

Terkessidis, Mark: „Integration ist von gestern, ‚Diversity' für morgen – Ein Vorschlag für eine gemeinsame Zukunft". In: Bukow, Wolf-Dietrich/Heck, Gerda/Schulze, Erika/Yildiz, Erol (Hg.): *Neue Vielfalt in der urbanen Stadtgesellschaft.* Wiesbaden 2011, S. 189–206.

Wirth, Louis: „Urbanism as a Way of Life". In: *American Journal of Sociology* 44/1938, S. 1–24.

Anmerkungen

1 Was unter „Europäischer Stadt“ verstanden wird, wird meist nicht eindeutig definiert. Sicherlich sind nicht nur Städte gemeint, die geografisch in Europa liegen; zudem wurde nie geprüft, auf welche in Europa liegende Stadt dieses Attribut möglicherweise nicht zutrifft. Zudem bleibt offen, ob möglicherweise städtische Teilgebiete aus dieser bürgerlich-idealen Vorstellung ausgeklammert werden sollten, weil sie weder die soziale Breite, noch eine gewisse Offenheit aufweisen. Gemeint ist vielmehr eine Haltung zu Demokratie, Toleranz und bürgerlichem Verhalten in (öffentlichen) urbanen Räumen.

2 Diese wird außerhalb der sozialwissenschaftlichen Ungleichheitsforschung oft als die Möglichkeit oder gar Aufforderung verstanden, dass zunehmend Jede/r tut und lässt, was sie/er will.

3 Die am stärksten marginalisierten, häufig illegal Zugewanderten siedeln in der Regel an extrem schlecht geeigneten Orten wie Ausfallstraßen, Industrie- und Gewerbegebieten respektive in den verbliebenen Einsprengseln agrarischer Gebäude in den Städten und dem suburbanen Umland und sind daher für die Autochthonen meist „unsichtbar“.

4 Dies wird sich „objektiv“ nicht anhand von Strukturmerkmalen festlegen lassen, sondern ist sehr stark vom subjektiven Empfinden der Menschen vor Ort abhängig.

5 Soziale Medien sind insofern a-sozial, als sie dazu beitragen, dass deren Nutzenden stark gefilterte Informationen austauschen – alles „Irrelevante“ wird ausgeblendet, Meinungen werden gruppenintern verstärkt, was die Intoleranz befördert.

6 Die deutsche Sprache verfügt hier nur über einen Begriff, während in der englischen Sprache in *security, certainty* und *safety* unterschieden werden kann.

7 Die Sichtweisen auf die Differenzierungslinien unterscheiden sich nicht nur hinsichtlich der darin gesehenen Problematik, sondern auch die Bereitschaft und Fähigkeit, damit umzugehen (*coping*), variiert immer stärker. Diese Unterschiede der Wahrnehmung und Bewertung von Vielfalt sowie die Fähigkeiten damit umzugehen, lassen sich jedoch immer weniger entlang der klassischen soziodemografischen Strukturen bestimmen.

8 Innes/Booher (2010) übergehen diese Differenzierung und kommen zu einer sehr idealistischen Sichtweise auf die Möglichkeit, Interessengegensätze an runden Tischen mithilfe rationaler Praktiken in Kooperationen auflösen zu können.

Stadtsicherheit 2.0

Camouflage der Widersprüche

Johanna Rolshoven

Der Terrorismus, der in dem furchtbaren 11. September kulminierte, ist ein Krieg der Armen gegen die Reichen. Der Krieg ist ein Terrorismus der Reichen gegen die Armen.[1]
(Peter Ustinov)

Die Stadtforschung befasst sich mit den aktuellen Herausforderungen des Gesellschaftswandels, die sich räumlich und sozial in den Städten manifestieren. Aus der handlungstheoretischen und -praktischen Perspektive der kritischen Stadtanthropologie, die Stadt als Summe ihrer Bewohner_innen begreift (Lindner 2004a: 177), sind die dringenden Fragen der Gegenwart an die Auswirkungen von Globalisierung und neoliberaler Wirtschaftsordnung geknüpft. Die hegemonialen politischen und medialen Diskurse rücken in den vergangenen zwei Jahrzehnten vorwiegend an „Sicherheit" bzw. „Unsicherheit" geknüpfte Thematiken in den Vordergrund der Stadtdiagnosen und lenken damit von anderen Besorgnislagen ab. Die Bedrohung von westlichen Städten durch terroristische Anschläge – von *target cities* ist die Rede – intensiviert diese Diskurse und bekräftigt und legitimiert dadurch die entdemokratisierenden Maßnahmenbündel der „Sicherheitsgesellschaft". Die vorliegenden Überlegungen deuten Kontextualisierungen an, welche die politischen Zusammenhänge der genannten Entwicklungen differenzieren. Sie resituieren die aktuellen Sicherheitsdiskurse und -politiken im Kontext des grundlegenden, historisch geformten Charakters von Städten als gesellschaftliche Orte des gelingenden wie zugleich konfliktuellen Zusammenlebens von Menschen. Dabei werden empirische Erkenntnisse eigener Stadtforschungen zugrunde gelegt und gleich zu Beginn die Frage nach der integrativen Kompetenz von Städten gestellt.

Die integrative Kompetenz der Stadt

Städte sind Orte der Differenz. Differenz ist die Voraussetzung dafür, dass Integration gedacht und praktiziert werden kann. Integration ist eine städtische Kompetenz. „Stadt ist Bejahung des Konfliktes" (Schlör 2005: 148; Lindner 2004b: 388). „Konflikt", schreibt Walter Siebel in Anlehnung an Ralf Dahrendorf, „ist ein Mechanismus der Integration" (2015: 377; Dahrendorf 1961: 123). Städte sind Gemeinwesen mit komplexen Aufgaben, in denen tägliche Aushandlungsprozesse um Raum, Ressourcen und individuelle Entfaltung stattfinden – Aushandlungsprozesse, die sich zwischen den Geschlechtern abspielen, zwischen den Generationen, den sozialen Schichten, zwischen Einheimischen und Fremden, das heißt grundsätzlich zwischen einander Fremden (vgl. Kaschuba/Kleinem/Kühn 2015). Demokratische Städte sind offene Städte (Ipsen 2016; Kaschuba 2010; Sansot 2000). Offenheit stärkt das Potenzial der städtischen Anonymität als einer fluiden Daseins- und Aufenthaltsberechtigung in Alltagszusammenhängen. Als regulierte Vielfalt ist sie ein Dispositiv der Stadt, das sich in der Geschichte der Europäischen Stadt zurückverfolgen lässt als Moment einer Stadtbürgerschaft, die Schutz, Freiheit und Rechtsgerechtigkeit verspricht.

Die offene Stadt ist ebenso Realität wie politischer Gegendiskurs (vgl. Behr et al. 2015), der anregt, über die Stadt als einen von Vielen geteilten Lebensraum nachzudenken, in dem man lernt, das einem selbst Fremde auszuhalten und existenzielle Verunsicherungen nicht mit Bedrohungen von außen zu verwechseln. Aber der Diskurs der offenen Stadt (vgl. Sennett 2006; Rieniets/Sigler/Christiaanse 2009) fordert auch die Frage heraus, ob der demokratische Idealismus in westlichen Städten scheitert, wenn das postkoloniale Weltgeschehen ins Haus schneit. Die auf demokratischen Grundordnungen beruhende offene Gesellschaft der Nachkriegsdemokratien, die, wie im Falle Frankreichs, allen dort geborenen Menschen Staatsbürgerschaft gewährt und eine Identifikation mit Freiheit, Gleichheit, Brüderlichkeit in einem säkularen Staat anbietet, steckt in einer tiefen Krise und kämpft mit populistischen Öffentlichkeiten.

Die Bedrohung der Stadt, der Nation, der Gesellschaft ist dabei kein neues Thema, doch es stellt sich neu für die Städte der westlichen Nachkriegsdemokratien, die seit Mitte der 1990er Jahre, nach der Auflösung der Blockstaaten und im Zuge der atomaren Abrüstung, in einer neuen Weise zur Zielscheibe von kriegerischen Anschlägen werden. Mit den nationalstaatlichen sicherheitspolitischen Reaktionen auf die gewaltsamen Provokationen verschärfen sich in den Städten die bestehenden Kontrollapparate und werden unter Ausnahme- und Kriegsrechtszuständen beträchtlich ausgeweitet.

Diese politischen Lagen führen zu individuellen und zu kollektiven Auseinandersetzungen, aber auch zu Verdrängung und Rückzug. Viele werden von diesen Entwicklungen zu zivilgesellschaftlichem, humanitärem und/oder beruflichem Engagement veranlasst, aber ebenso viele, so schrieb John Friedmann 2002 unter dem Eindruck von 9/11 in den USA, ziehen sich in „das Gefängnis der eigenen Ängste" zurück (Friedman 2002) und werden empfänglich für pessimistische Gegenwartsdiagnosen und irrationale Zukunftsversprechen. Diese generieren ernst zu nehmende rechtspopulistische Tendenzen, die scheinbar gesicherte fundamentale demokratische und menschenrechtlich begründete Gesetzes- und Regelwerke infrage stellen und die Demokratien in Gefahr bringen. Der Journalist und Schriftsteller Roland Merk formuliert vor dem Hintergrund der Pariser Anschläge im November 2015: „Sagen wir es so: der Neoliberalismus und der Dschihadismus verstehen sich gut, auch wenn das keine offizielle Doktrin ist" (Merk 2016: 34).

Städte sind historisch gewachsene Orte. Die Geschichte des Städtewachstums in allen Erdteilen in den letzten 200 Jahren zeigt, dass es Perioden des rasanten Wachstums gab, die sich mit Perioden der Stagnation abwechseln. Das Kennzeichen der Moderne, die ökonomische, infrastrukturelle und soziale Dynamik, vor allem aber das soziale Fassungsvermögen von Städten lassen uns von einer integrativen Kompetenz sprechen, die Städten als sozialen und gebauten Gebilden innewohnt.[2] Diese integrative Kompetenz betrifft Städte je nach ihrer geografisch-ökonomischen Situation, ihren historischen Prägungen und ihrer politischen Disposition in unterschiedlicher Weise. Städte reagieren daher auch unterschiedlich auf diese Herausforderungen, wie die Geschichte der Urbanisierung in der westlichen Moderne, die Geschichte der arabischen Stadtwerdungen und in besonderer Weise die kosmopolitische Integrationsleistung von Hafenstädten wie Algier, Genua, Haifa, Hamburg, Istanbul, Marseille, Odessa, Oran, Riga, Rotterdam, Tanger, Triest oder Tel Aviv verdeutlichen.

In Städten spiegeln sich die Strukturmerkmale der Gesellschaft; hier wird sie greifbar: sichtbar und beschreibbar.

Heterogenität, Vielfalt und Differenz (vgl. Wirth 1938; Simmel 1903), aber auch Anonymität und Bewegung (vgl. Pétonnet 1988 und 1987) erlauben es, die Stadt als einen dynamischen Lebensraum und Entfaltungsort für menschliche Lebenswelten zu begreifen. Die Kulturanthropologie versucht, Gesellschaft aus der Perspektive des handelnden Menschen zu denken und fragt daher danach, wie sich diese Parameter in Alltagskontexten darstellen und wie sie auf die konkreten Handlungsräume als gelebte Stadträume einwirken. Für sie stellt sich die Stadt als ein Laboratorium dar, das, in einer Art seismischer Anzeige, gesellschaftliche Entwicklungen ankündigt und offenbart. An Mikrosituationen zeigen sich die – bisweilen verborgenen – Relevanzen in den Makrozusammenhängen. Ein zentraler Fokus der stadtanthropologischen Kulturanalyse (vgl. Lindner 2003; Wietschorke 2014) liegt dabei auf dem Widerspruch, dem Paradoxon und dem nicht Stimmigen, die sich bei näherem Hinsehen als Schnittstelle erweisen, an denen grundsätzliche gesellschaftliche Probleme greifbar werden.

Orte der Differenz – riskante Orte

Städte sind riskante Orte. Sie sind von unterschiedlichen Menschengruppen mit unterschiedlichen Raumnutzungen und unterschiedlichen Zugangsmöglichkeiten zu Ressourcen bewohnt. Diese konfliktuelle Konstellation lässt Kriminalität jeder Gesellschaftsstruktur und den städtischen Ökonomien inhärent werden. In den letzten 150 Jahren sind Städte indessen zu zunehmend sicheren Orten geworden (vgl. u. a. Breckner/Bricocoli 2007; Glasze/Pütz/Rolfes 2005; Glasauer 2005): Ein Blick auf die Statistiken zu Todesursachen in den westmitteleuropäischen Ländern offenbart, dass wir in einer Gesellschaft leben, in der man zunehmend eines natürlichen Todes stirbt.[3] Ängste der Bevölkerung vor Gewalt und Verbrechen, wie sie von politischen und Mediendiskursen, etwa im Rahmen der aktuellen Zuwanderungsdebatten, geschürt werden, verweisen daher weniger auf tatsächliche Bedrohungen als auf die Abspaltung des „Bösen“ als nicht der Kultur zugehörig (vgl. Scharfe 1994).

Der Architekturtheoretiker Michael Zinganel, der in seinem opus magnum *Real crime* Diskurse zu Stadt und Verbrechen beleuchtet und differenziert hat, sieht die Marx'sche These von der „Produktivkraft des Verbrechens“ bestätigt, derzufolge Verbrechen zwingender Teil jeder Stadtökonomie sind und mehr noch: Im Verbrechen und allen ihm anhängenden Berufs- und Unternehmenszweigen wohnt, so Zinganel, eine grundlegende Produktivkraft inne, ein dynamisierender Impuls für die Stadt- und Gesellschaftsentwicklung. Hierzu hatte Karl Marx um die Mitte des 19. Jahrhunderts geschrieben:

„Ein Philosoph produziert Ideen, ein Poet Gedichte, ein Pastor Predigten, ein Professor Kompendien usw. Ein Verbrecher produziert Verbrechen.

Betrachtet man näher den Zusammenhang dieses letzteren Produktionszweigs mit dem Ganzen der Gesellschaft, so wird man von vielen Vorurteilen zurückkommen. Der Verbrecher produziert nicht nur Verbrechen, sondern auch das Kriminalrecht und damit auch den Professor, der Vorlesungen über das Kriminalrecht hält […]. Der Verbrecher produziert ferner die ganze Polizei und Kriminaljustiz, Schergen, Richter, Henker, Geschworene usw.; und alle diese verschiedenen Gewerbszweige, die ebenso viele Kategorien der Teilung der gesellschaftlichen Arbeit bilden, entwickeln verschiedene Fähigkeiten des menschlichen Geistes, schaffen neue Bedürfnisse und neue Weisen ihrer Befriedigung. Die Tortur allein hat zu den sinnreichsten mechanischen Erfindungen Anlaß gegeben und in der Produktion ihrer Werkzeuge eine Masse ehrsamer Handwerksleute beschäftigt. Der Verbrecher produziert (nicht nur) das Kriminalrecht, nicht nur Strafgesetzbücher und damit Strafgesetzgeber, sondern auch Kunst, schöne Literatur, Romane und sogar Tragödien" (Marx 1985, zit. n. Zinganel 2003: 13f.).

Michael Zinganel veranschaulicht diese These mit Zahlen und Beispielen zu aktuellen Stadtökonomien, ihren Polizeiapparaten, Gefängnissen, Rehabilitationsdispositiven usw.. Diesen staatlich-strukturellen Sicherheitsapparaten lassen sich lebensweltliche Stadtbeobachtungen hinzufügen, die ein breites Spektrum an Maßnahmen zur Sicherung bestehender Verhältnisse zu Tage fördern: den wachsenden Markt der „Gefahrenabwehr". Er reicht von Türschlössern bis zu Alarmanlagen, von der öffentlichen Beleuchtung bis zur Videoüberwachung, von baulichen Maßnahmen im Kleinen bis hin zu militärstrategischen Stadtanlagen im Großen (vgl. Zinganel 2003: 16). Die öffentliche und private Sicherheit zählt aktuell zu den deutlichen Wachstumsmärkten (vgl. ebd.: 18; Eisch-Angus/Schwell 2017). Dies bedeutet, dass die ökonomische Funktionalität der städtischen Kriminalität Rückschlüsse auf ihre systemische Normalisierung zulässt, obgleich der Diskurs sie als Abnormität außerhalb der Gesellschaft situiert – einer Gesellschaft, die das unwirkliche Bild des einheimischen rechtschaffenen, ehrlichen und arbeitsamen Bürgers, der tugendhaften Bürgerin zu ihrem ideologischen Maßstab gemacht hat[4]. Die neuralgischen Punkte des Widerspruchs zwischen (statistischer) Wirklichkeit und (ideologisiertem) Diskurs sind Schlüsselstellen für die Kulturanalyse. Sie offenbaren Kultur weniger als das postulierte „System von Identitäten", sondern weisen sie vielmehr als ein „Ensemble von Differenzen" (Lindner 2003: 181f.) des Kampfes von Identität mit Alterität aus. Zu ihrer Regulierung treten einerseits Stadtpolitiken und nationalstaatliche Gesetzeswerke auf den Plan, anderseits gesellschaftliche Regelwerke, die sich als Norm(ierung)en, Traditionen oder Common sense (vgl. Suter 2016) bezeichnen lassen und die in vielem – auch in der säkularisierten Gesellschaft – religiösen Ursprungs sind (Scharfe 2004).

Die Aushandlungsprozesse um Differenzen bestimmen den Charakter eines öffentlichen Stadtraums und machen ihn zum Politikum. Hier offenbaren sich Machtstrukturen und -ambitionen, Reklamationen von Teilhabe ebenso wie Manifestationen des Ausschlusses, Sozialitäten ebenso wie Differenzen in Form von Konflikten oder Delikten. In diesem öffentlichen

Raum der Vergesellschaftungsprozesse sind die sozial einflussreichsten Gruppen regel- und damit raumbestimmend und erheben Anspruch auf seine legitimen Nutzungen. Schwächeren und als illegitim stigmatisierten Gruppen kann der prominente Zugang zur Bühne der Öffentlichkeit leicht verwehrt werden – durch explizite und implizite Regeln, Verbote, „Wegweisungen", „Verbannungen" und „Ausschaffungen". Diese Gruppen unterschiedlicher Couleur, das zeigt die Geschichte der städtischen Raumnutzungen, fordern in regelmäßigen Abständen ihre Raumrechte ein – in kleinen unauffälligen alltagsweltlichen Situationen ebenso wie in großen historisch-spektakulären Performanzen: von den Brotunruhen bis zum Sturm auf die Bastille am 14. Juli 1789, von den städtischen Raumbeschneidungen der afro-amerikanischen Bevölkerung bis zu den *urban race riots* im Amerika der ersten Hälfte des 20. Jahrhunderts, oder zeitgleich, von den zivilen Benachteiligungen der Frauen zu den Wahlrechtsdemonstrationen der britischen Suffragetten, von der Hungersnot zur Oktoberrevolution 1917 und ihren folgenreichen Fortpflanzungen im Westen, von punktuellen Erhebungen zu kolonialen Unabhängigkeitskriegen in den 1950er und 1960er Jahren, vom Unmut über die Erhöhung der Straßenbahnpreise zu den städtischen Aufständen im Mai 68, von den Pariser Autoverbrennungen 2005 zu den Terroranschlägen 2015 und 2016 erscheinen diese Ereignisse letztlich als Reklamationen einer den Tätergruppen gegenüber verabsäumten gesellschaftlichen Teilhabe und sind damit Reaktionen auf Ausschluss (vgl. Rolshoven 2016).

Sicherheit verunsichert

Städte sind die Bühnen gesellschaftlicher Veränderungen. Gesellschaftliche Öffnungs- und Schließungsprozesse nehmen hier eine sichtbare Gestalt an. Seit Ende der 1990er Jahre lassen sich zunehmend städtische Regulierungs-, Normierungs- und Disziplinierungsprozesse beobachten[5], die in den Sozialwissenschaften Anlass zur Diagnose einer Kontroll- und Sicherheitsgesellschaft geben (vgl. u. a. Klimke 2008). Der „SOS-Diskurs", die – in ihrer Doppeldeutigkeit – „Rede über Sauberkeit, Ordnung und Sicherheit", fußt auf einem „alten", subkutan wirksamen und in bestimmten Kontexten reaktivierbaren mentalitätsgeschichtlichen Erbe, einem kulturellen Repertoire, das sich im Zuge der Urbanisierungsprozesse im 19. Jahrhundert herausgebildet hat (vgl. Rolshoven 2008). Die Palette der SOS-Maßnahmen, die sich seit den 1990er Jahren in vielen europäischen und außereuropäischen Städten mehren, sind zu Parametern einer „sauberen und sicheren Stadt" und für die Stadtnutzer_innen alltagsrelevant geworden. Sie reicht von harmlos anmutenden bis hin zu rechtsstaatlich problematischen

Eingriffen: von Anti-Littering-Kampagnen über den zunehmenden Einsatz parapolizeilicher Stadtpatrouillen, der Implementierung technologischer Überwachungssysteme, der Konjunktur panoptischer Stadtplanungs- und Architekturkonzeptionen bis hin zur strafrechtlichen Ahndung von zivilgesellschaftlichen Vergehen. Anstößige, unanständige, unbürgerliche Zuwiderhandlungen in der Öffentlichkeit werden allgemein mit dem angelsächsischen Begriff der *incivilities* (frz. *incivilités*) oder als „Disorder-Phänomene" bezeichnet und strafrechtlich verfolgt. Stadtbewohner_innen, die dieser Logik zufolge als unschön, schmutzig, störend (engl. *loitering*), gefährlich bezeichenbar sind, erhalten öffentliche Raumverbote. Die restriktive Ordnungspolitik, die sich seit dem Ende der 1990er Jahre etabliert, äußert sich demnach sowohl in harmlosen, umweltpolitisch einleuchtenden Verordnungen als auch in schwerwiegenden Restriktionen. Sie reicht von moralisierenden Verboten, Kaugummis oder Zigarettenstummel auf den Boden zu werfen, bis hin zu einer Kriminalisierung zivilrechtlicher Vergehen, die in Persönlichkeitsrechte eingreifen, demokratische Grundrechte revidieren oder Menschenrechten zuwiderlaufen. Einfache Delikte werden nicht nur geahndet, sondern sie werden kriminalisiert.

Hinter der im Alltag beobachtbaren und fassbaren Oberfläche der SOS-Erscheinungen steht zum einen die Aufweichung des staatlichen Gewaltmonopols über die Privatisierung von Ordnungskräften, zum anderen die Kriminalisierung von Drogenkranken, von Wohnungslosen und fremd Aussehenden durch neu auflebendes rassistisches Profiling. Vielfach sind es Jugendliche, die unter Verdacht gestellt werden, armutsgefährdete Städter_innen und fremde Zuwanderer, die als Gefahr stigmatisiert werden bzw. in der öffentlichen Meinung für eine Stigmatisierung freigegeben werden. Wir haben es hier im Grunde mit einer paradoxen Situation zu tun, wenn diese gefährdete Bevölkerungsminderheit, die selbst in Unsicherheit lebt, die auf der sicheren Seite der Gesellschaft lebende Bevölkerungsmehrheit verunsichert.

Diese Verunsicherung nährt die politischen Argumentarien für die breite Lancierung einer zunehmend restriktiven städtischen Sicherheitspolitik, die aktuell um die Ebene der nationalen Sicherheitspolitik und ihre Ausgrenzziehungen erweitert werden. Die gegenseitigen Forcierungen von nationalen Angstlagen und außerdemokratischen Sicherheitsdispositiven, die ich hier nur streifen kann, begleiten die Geschichte der Bundesrepublik Deutschland seit ihren Anfängen und mit ihr die zahlreicher weiterer Staaten nach 1945. Auf die grundgesetzwidrige Remilitarisierung in den ersten beiden Nachkriegsjahrzehnten, die instabile Ost-West-Lage im „Kalten Krieg", folgte „Deutschland im Herbst", die linksterroristische Bedrohung vor allem während der 1970er Jahre, die nicht nur in Deutschland, sondern auch in Frankreich, Italien und der Schweiz zu einer Zuspitzung der „Sicherheitsfrage", zu Gesetzesänderungen und Verschärfungen des Strafvollzugs führten. In Großbritannien folgten, in der Regierungszeit von Margaret Thatcher (vgl. Hof 2015), auf die IRA-Anschläge und Drohungen Gesetzesverschärfungen, die Ende der 1990er Jahre mit der inzwischen unter Tony Blair flächendeckenden Verabschiedung des sogenannten ASB-Bill (*Anti Social Behaviour*) in Städten ebenso wie Landgemeinden fortgeführt wurde (vgl. Squires 2008). Im Gesetzeskorpus des sogenannten USA Patriot Act, mit dem die Vereinigten Staaten von Amerika unter George W. Bush 2001 auf die Al-Qaida-Anschläge am 11. September 2001 in New York reagierten, spitzen sich die Maßnahmenkataloge zu. Der USA Patriot Act bedeutet *Uniting and Strengthening America by Providing Appropriate Tools Required to Intercept and Obstruct Terrorism Act* (vgl. Department of Justice Website; Pretioso Blog 2014) und wurde in der Regierungszeit Barack Obamas 2015 in Freedom Act umbenannt. In der Doppeldeutigkeit des Akronyms spiegelt sich die Doppelbödigkeit eines Diskurses, der nach außen amerikanische Grundwerte schützt, aber inhaltlich die bestehende Gesetzeslage entdemokratisiert.

Der Abbau der dialogischen Demokratie

Städte sind Schauplätze des Politischen. Um das verwickelte Verhältnis zwischen den großen bedrohlichen, aber kaum vorhersehbaren und fassbaren Angstlagen und den stadtalltäglichen, greifbaren Ängsten über die eigene körperliche Unversehrtheit, die finanzielle Existenzsicherung und unwägbare Kontingenz der Zukunft aufrollen zu können, stellt sich die Frage nach der politischen Funktionalität dieser Gemengelage und der Spezifik der gesellschaftlichen Gegenwart, in der sie virulent wird. Diese Frage weitet Michel Foucaults historischen Blick auf die Mikrotechnologien der Macht, die auf säkulare Makrostrukturveränderungen verwiesen hatten. Foucault hatte für das 18. Jahrhundert, als sich Art und Ethos der Bestrafung für Vergehen veränderten, einen Paradigmenwechsel festgemacht. Während zuvor exemplarische und spektakuläre öffentliche Bestrafungen im Namen *des einen* Königs stattfanden, war nun die Zunahme öffentlicher „Züchtigungstheater" in *unser aller* Namen mit präventiver Absicht zu beobachten: „So hat man sich die Straf-Gesellschaft vorzustellen: an den Wegkreuzungen, in den Gärten, an den Straßen [...], an den Brücken [...] – tausend kleine Züchtigungstheater. [...] Eine sichtbare, eine geschwätzige Strafe [...]: Schrifttafeln, Mützen, Anschlagzettel, Plakate, Symbole, Texte – alles wiederholt unablässig den Codex/Code" (Foucault 1994: 145).

Foucault liest hieran einen grundsätzlichen Wandel der Rechts- und auch Ethikauffassungen in der Folge von Gesellschaftsveränderungen ab und deutet die Praxis der Züchtigungstheater, das heißt den Diskurs der Strafandrohung, als „Herstellung von Delinquenz" (ebd.: 368). Eine neue Strafpraxis läutet – im historischen Rückblick besehen – als „Effekt und Instrument komplexer Machtbeziehungen" (ebd.: 397) die Erneuerung gesellschaftlicher – diffuser – Machtverhältnisse ein, deren Präsenz sich überall im öffentlichen Raum manifestiert. Inwiefern nun betrifft die Diagnose eines solchen Mechanismus die städtischen „Züchtigungstheater" der Gegenwart?

Ihr gesellschaftlicher Hintergrund ist in der Tat die Verlagerung von Machtverhältnissen und Wirtschaftsweisen. Die Entlassung der Wirtschaft aus der staatlichen Kontrolle, ihre Entgrenzung, wird als Globalisierungseffekt beschrieben und gemeinhin mit dem Begriff Neoliberalismus bezeichnet. Wir beobachten unter dieser „Fahne" eine Übertreibung des westlichen Kapitalismus und seines Prinzips der Gewinnmaximierung, die Verabschiedung vom Ethos und Idealismus des Sozialstaates und seiner Verteilungsgerechtigkeit, eine Abkehr vom Prinzip der Reinvestition zur Stärkung bestehender Strukturen hin zu riskanten Neuinvestitionen und zum Aufbau zerstreuter und häufig wechselnder Strukturen und Standorte. Dieser deregulierte, von Karl Polanyi als „entfesselt" bezeichnete Kapitalismus (Berking 2002: 14f.) führt zu diffusen Angstlagen und ist heute die Hauptursache einer grundlegenden Verunsicherung von Stadt- ebenso wie Staatsbürger_innen (vgl. u. a. Augé 2013), die mit Sicherheitsdiskursen genährt ebenso wie „abgeholt" werden. Das Paradoxon der Sicherheitsdispositive ist es, dass sie Ängste schüren, und zwar genau jene Ängste, denen sie versprechen zuvorzukommen. Sie verfehlen damit ihre ursprüngliche Beschwichtigungsfunktion und werden zu einem sich selbst legitimierenden Apparat.

Hinter den in den städtischen Nah- und Lebensräumen greifbaren Verunsicherungen durch „Unzivilisiertheiten" und Be-Fremdungen stehen diffuse Ängste, welche sich auf strukturelle Entwicklungen beziehen, die sich einer handelnden Einflussnahme des Individuums im Alltag entziehen.[6] Man muss sie aus der Perspektive einer reflexiven Kulturwissenschaft demnach als ein soziales Übertragungsphänomen bezeichnen. Sozialhistorische Untersuchungen offenbaren, dass gesellschaftliche Transformationsprozesse immer mit grundlegenden Verunsicherungen einhergehen. Die Auswirkungen des postindustriellen Neoliberalismus führen in den Städten zu gespaltenen Arbeitsmärkten und einer „exzessive(n) sozialräumliche(n) Verteilung von Reichtums- und Armutskulturen" – die Hälfte des Weltvermögens befindet sich in den Händen von 62 Personen/Unternehmen (Focus Online 2016) – und zu einer „Ausweitung der informellen Ökonomie" (Berking 2002: 14f.).

Arbeitsplatzverlust, Zukunftsängste, innerstädtische Gentrifizierungsprozesse und Segregationen vielfältiger Natur führen zu einer vermehrten Polarisierung städtischer Räume und gehen Hand in Hand mit einer „Marginalisierung all jener Gruppen, die in der Repräsentation des ökonomischen Zentrums als globale und zukunftssichere Wachstumsmaschine nicht vorkommen" (ebd.). Diese Leerstelle stellt sich als Hinterlassenschaft der Entwicklung zur Moderne dar und bedroht die Integrationsfähigkeit der Städte (vgl. Rada 1998: 103). Die Städte reagieren auf ihre sozialpolitischen Probleme nicht mehr integrativ über soziale Maßnahmen, gemäß dem Nachkriegsideal einer „dialogischen Demokratie" (Anthony Giddens), sondern repressiv.

Offene Städte

Städte leiden unter Schließungsbewegungen. Die verschärfte Reglementierung und Überwachung des öffentlichen Raumes schwächt ihre Integrativität, indem sie die städtische Offenheit als Bedingung des Funktionierens und Florierens einer Stadt negiert. Das dramatische Weltgeschehen, das Europa bzw. die europäischen Städte 2015 in Gestalt der Flucht verfolgter Menschen aus Kriegsgebieten, in großer Zahl und auf riskanten Wegen, erreicht hat sowie die zeitgleiche Bedrohung durch dschihadistische Attentate, bestätigt und legitimiert, scheinbar widerspruchsfrei, die Schließungspolitiken der Sicherheitsgesellschaft und überdeckt dabei die Notwendigkeit von Maßnahmen auf vielen Ebenen und eine breite, realitätsnahe Politik der politischen und medialen Informierung. Die Ereignisse erfordern kritische Auseinandersetzungen mit den historischen, wirtschaftlichen und politischen Ursachen und mit den gebotenen Angemessenheiten politischer Maßnahmen. Und sie fordern das Konzept der offenen Stadt auf eine paradoxe Weise heraus.

Die durch den Dschihad reklamierten Anschläge richten sich auf der Ereignisebene, der Ebene der politischen Aussage des „Gotteskrieges", gegen eine offene Gesellschaft: gegen „Paris, die Hauptstadt des Lasters" („capitale de la perversion"), wie es im Bekennerschreiben nach dem 13. November 2015 heißt. Sie richten sich direkt gegen eine säkulare demokratische Gesellschaft, die die Angelegenheiten der Kirchen, Synagogen, Tempel und Moscheen aus der Politik ausklammert, sich auf Menschenrechte beruft und die an dem ambivalenten Versprechen von ungeteiltem Wohlstand und Konsum ungebrochen festhält. Wenn die offene Gesellschaft mit Schließung reagiert, Kriegsrecht und Ausnahmezustand ausruft, dann öffnet sie einer populistischen Willkür Tür und Tor, und der Dschihad, wie er derzeit fundamentalistisch und eroberungskriegerisch ausgelegt wird[7], erreicht damit seine Ziele.

Was zu tun bleibt, ist ohne Zweifel auch ein Problem der Stadtforschung und ihrer wissenschaftlichen, künstlerischen, zivilgesellschaftlichen und aktivistischen Akteur_innen. Seit langem bearbeiten sie Projekte über die im öffentlichen Stadtraum stattfindenden Vergesellschaftungsprozesse, die in einer Konsumgesellschaft, welche die Privatisierung des sich entpolitisierenden öffentlichen Raums zulässt, zurücktreten, da ein immer größerer Teil der Gesellschaft von der „Public City" ausgeschlossen wird.

Kulturanalysen des Selbstmordattentates und der gesellschaftlichen Bedingungen, die es hervorbringen, zeigen auf, dass die Gesellschaft, wie die französischen Ethnologinnen Anne Benveniste und Monique Selim (2015) schreiben, den terroristischen Akt selbst hervorgebracht hat (vgl. Rolshoven 2016). Die filigranen Verbindungslinien, etwa im Fall Frankreichs, zwischen Kolonialvergangenheit, der Konstruktion als Grande Nation und Statthalterin von Freiheit, Gleichheit, Brüderlichkeit, den Stadtentwicklungsprozessen und Wohnungsbaupolitiken seiner Großstädte und vielen weiteren systemischen Parametern in den Biografien von dschihadistischen Akteuren – zum Beispiel den jungen französischen Staatsbürgern Mohamed Morah (Montauban und Toulouse 2012), Mehdi Nemmouche (Jüdisches Museum, Brüssel 2014), Cherif und Saïd Kouachi (Charlie Hebdo, Paris 2015) oder den drei Brüdern Abdesalam (Bataclan, Paris 2015) – weisen sie als Kinder der nordafrikanischen Dekolonisierung aus. Ihre Biografien müssen daher, im Kontext dieser Anschläge, auf das unaufgearbeitete postkoloniale Erbe in den globalisierten Städten hin betrachtet werden. Sie hatten in ihren Lebenszusammenhängen eine „empirische Stadt" vor Augen, deren Zukunftsversprechen für sie nicht gilt und die sie deshalb auslöschen wollen. Ihre Lebenswelten und -wege waren von dem französischen Gleichheitsversprechen kaum berührt, aber von ihren Diskriminierungserfahrungen gezeichnet. Die Psychoanalytiker Horst Eberhard Richter oder Shmuel Erlich (Richter 2010: 168) haben immer wieder auf die strukturellen Auswirkungen kolonialer, postkolonialer und klassengesellschaftlicher Erniedrigungsprozesse auf Individuen hingewiesen (vgl. Heidenreich 2010: 245ff.).

Die Sicherheitsmaßnahmen, die diese Akteure der postkolonialen Gesellschaft mit maghrebinischen Wurzeln im Visier haben, beruhen auf den rassistischen Vorannahmen des *racial profiling*: Aufgrund der äußeren Erscheinung eines „arabischen Aussehens" werden sie zur bevorzugten Zielgruppe von Personenkontrollen und häufig mehrmals täglich zu Ausweiskontrollen angehalten (vgl. u. a. Asmus/Enke 2015; Fassin 2011). Solche Maßnahmen stehen für die Camouflage des Widerspruchs zwischen der kodifizierten, rechtsstaatlichen Legitimierung von Gewalt und Gewalt als gesellschaftlicher Tatsache, als eine gesellschaftliche Konstante mit systemischem, gouvernemental funktionalem Charakter, der auch das ökonomische Interesse der Stadt und des Staates an Kriminalität zugrunde liegt. Kriminalstatistiken und ihre Indienstnahme als politisches Argumentarium riskieren die Konstruktion als ideologisches Instrument, indem sie die Tatsache der Kriminalität als gesellschaftliche Alltagsnormalität und fester Bestandteil der Stadtökonomie negieren. Zugleich verschiebt der Diskurs über die Bedrohung der Gesellschaft durch Terrorismus, nicht zuletzt durch den performativen Spektakelcharakter der Anschläge, die Perspektiven von der städtischen Normalität des Verbrechens auf den außerordentlichen Staatsfeind. Hierin liegt die wirkliche Gefahr in der westlich-europäischen Gegenwart; wir können sie am Stadtgeschehen ablesen.

Bibliografie

Augé, Marc: *Les nouvelles peurs*. Paris 2013.

Asmus, Hans-Joachim/Enke, Thomas: *Der Umgang der Polizei mit migrantischen Opfern. Eine qualitative Untersuchung*. Wiesbaden 2015.

Behr, Martin/Dienesch, Sibylle/Kury, Astrid/Rolshoven, Johanna (Hg.): *Offene Stadt. Konzepte für urbane Zwischenräume*. Salzburg 2015.

Benveniste, Annie/Selim, Monique: „Terreur ici et ailleurs: regards anthropologiques". In: *Journal des anthropologues* Nr. 140–141, 1–2 (2015), S. 7–10.

Berking, Helmuth: „Global Village oder urbane Globalität? Städte im Globalisierungsdiskurs". In: Ders./Faber, Richard (Hg.): *Städte im Globalisierungsdiskurs*. Würzburg 2002, S. 11–25.

Breckner, Ingrid/Bricocoli, Massimo: „Un-Sicherheiten in urbanen Räumen: Wirklichkeiten und Handlungsstrategien in europäischen Großstädten". In: Sessar, Klaus/Stangl, Wolfgang/van Swaaningen, René (Hg.): *Großstadtängste. Untersuchungen zu Unsicherheitsgefühlen und Sicherheitspolitiken in europäischen Kommunen*. Münster 2007, S. 21–43.

Dahrendorf, Ralf: *Gesellschaft und Freiheit*. München 1961, S. 123.

Department of Justice Website, https://www.justice.gov/archive/ll/highlights.htm, 18.10.2016.

Eisch-Angus, Katharina/Schwell, Alexandra (Hg.): *Der Alltag der (Un)Sicherheit. Ethnographisch-kulturwissenschaftliche Perspektiven auf die Sicherheitsgesellschaft*. Berlin 2017.

Fassin, Didier: *La force de l'ordre. Une anthropologie de la police des quartiers*. Paris 2011.

Friedman, John: „City of Fear or Open City?". In: *Journal of the American Planning Association* vol. 68, 3 (2002), S. 237–243.

Focus online, „Oxfam-Studie: 62 Superreiche besitzen so viel Geld wie die ärmere Hälfte der Weltbevölkerung", 16.01.2016. http://www.focus.de/finanzen/news/oxfam-studie-62-superreiche-besitzen-so-viel-geld-wie-die-aermere-haelfte-weltbevoelkerung_id_5217918.html, 18.10.2016.

Foucault, Michel: *Überwachen und Strafen. Die Geburt des Gefängnisses*. Frankfurt a. M. 1994 [1975], S. 145.

Glasze, Georg/Pütz, Robert/Rolfes, Manfred: „Die Verräumlichung von (Un-)Sicherheit. Kriminalität und Sicherheitspolitiken – Herausforderungen einer kritischen Kriminalgeographie". In: Dies.: *Diskurs – Stadt – Kriminalität. Städtische (Un-)Sicherheiten aus der Perspektive von Stadtforschung und Kritischer Kriminalgeographie*. Bielefeld 2005, S. 13–58.

Glasauer, Herbert: „Stadt und Unsicherheit. Entschlüsselungsversuche eines vertrauten Themas in stets neuen Facetten". In: Glasze, Georg/Pütz, Robert/Rolfes, Manfred (Hg.): *Diskurs – Stadt – Kriminalität. Städtische (Un-)Sicherheiten aus der Perspektive von Stadtforschung und Kritischer Kriminalgeographie*. Bielefeld 2005, S. 203–222.

Heidenreich, Elisabeth: *Sakrale Geographie. Essay über den modernen Dschihad und seine Räume*. Bielefeld 2010, S. 245ff.

Hof, Tobias: „Anti-Terrorismusgesetze und Sicherheitskräfte in der Bundesrepublik Deutschland, Großbritannien und Italien in den 1970er und 1980er Jahren". In: Hürter, Johannes (Hg.): *Terrorismusbekämpfung in Westeuropa. Demokratie und Sicherheit in den 1970er und 1980er Jahren*. Berlin/Boston 2015, S. 7–34.

Ipsen, Detlev: *Die sozialräumlichen Bedingungen der offenen Stadt – eine theoretische Skizze*, www.safercity.de/1999/skizze.html, 21.10.2016.

Kaschuba, Wolfgang: „Offene Städte!" In: Grosch, Nils/Zinn-Thomas, Sabine (Hg.): *Fremdheit – Migration – Musik. Kulturwissenschaftliche Essays für Max Matter*. Münster u. a. 2010, S. 23–34.

Kaschuba, Wolfgang/Kleinem, Dominik/Kühn, Cornelia (Hg.): *Urbane Aushandlungen. Die Stadt als Aktionsraum* (Berliner Blätter 69). Berlin 2015.

Klimke, Daniela: *Wach- & Schließgesellschaft Deutschland: Sicherheitsmentalitäten der Spätmoderne*. Wiesbaden 2008.

Lindner, Rolf: „Vom Wesen der Kulturanalyse". In: *Zeitschrift für Volkskunde* II (2003), S. 177–188.

Lindner, Rolf: „Vorüberlegungen zu einer Anthropologie der Stadt". In: *Volkskunde in Sachsen* 167 (2004a), S. 175–188.

Lindner, Rolf: „Offenheit – Vielfalt – Gestalt. Die Stadt als kultureller Raum". In: Jaeger, Friedrich/Rüsen, Jörn (Hg.): *Handbuch der Kulturwissenschaften. Themen und Tendenzen*. Stuttgart/Weimar 2004b, S. 385–398.

Marx, Karl: „Theorien über den Mehrwert. Erster Teil". In: Ders./Engels, Friedrich: *Werke*, Bd. 26.1. Berlin 1985, S. 363 [um 1860/62 verfasst, nach 1905 publiziert].

Merk, Roland: „Mit besten Grüßen aus Paris". In: *PEN Newsletter* 2016, hg. von PEN-Zentrum deutschsprachiger Autoren im Ausland, S. 33–35.

Pétonnet, Colette: „La ville et les citadins". In: *André Leroi-Gourhan ou les voies de l'homme*. Paris 1988, S. 115–121

Pétonnet, Colette: „L'anonymat ou la pellicule protectrice". In: *Le temps de la réflexion VIII (La ville inquiète)*. Paris 1987, S. 247–261.

Pretioso Blog 2014, „Was man über den USA Patriot Act wissen sollte". http://pretioso-blog.com/was-man-ueber-den-usa-patriot-act-wissen-sollte/#.WBH4AE27p9A, 18.10.2016.

Rada, Uwe: „Die Urbanisierung der Angst. Von einer kulturellen zur sozialen und räumlichen Technik der Verdrängung". In: Kirchberg, Volker/Göschel, Albrecht (Hg.): *Kultur in der Stadt. Stadtsoziologische Analysen zur Kultur*. Opladen 1998, S. 101–120.

Richter, Horst-Eberhard: *Moral in Zeiten der Krise*. Frankfurt a. M. 2010.

Rieniets, Tim/Sigler, Jennifer/Christiaanse, Kees (Hg.): *Open City: Designing Coexistence*. Amsterdam 2009.

Rolshoven, Johanna: „Kultur, ein Theater der Komplikationen. Unfertige Gedanken zum Selbstmordattentat". In: *Online-Schriften aus der Marburger kulturwissenschaftlichen Forschung und Europäischen Ethnologie*, Band 7/2016, S. 1–22. http://archiv.ub.uni-marburg.de/es/2016/0009/pdf/makufee-7.pdf.

Rolshoven, Johanna: „ Die Wegweisung: Züchtigung des Anstössigen oder Die Europäische Stadt als Ort der Sauberkeit, Ordnung und Sicherheit". In: Egli, Werner/Tomkowiak Ingrid (Hg.): *Intimität*. Zürich 2008, S. 35–58.

Sansot, Pierre: *Narbonne – ville ouverte*. Fontfroide 2000: Fata Morgana.

Scharfe, Martin: „Wie die Lemminge. Kulturwissenschaft, Ökologieproblematik, Todestriebdebatte". In: Brednich, Rolf W./Hartinger, Walter (Hg.): *Gewalt in der Kultur*. 2 Bde. Passau 1994, S. 271–295.

Scharfe, Martin: *Über Religion. Glaube und Zweifel in der Volkskultur*. Köln u. a. 2004

Schlör, Joachim: *Das Ich der Stadt. Debatten über Judentum und Urbanität 1822–1938*. Göttingen 2005, S. 148.

Sennett, Richard: *The Open City*. 2006. http://esteticartografias07.files.wordpress.com/2008/07/berlin_richard_sennett_2006-the_open_city1.pdf, 09.10.2016.

Siebel, Walter: *Die Kultur der Stadt*. Frankfurt a. M. 2015, S. 377.

Simmel, Georg: „Die Großstädte und das Geistesleben". In: *Die Großstadt. Vorträge und Aufsätze zur Städteausstellung*. Jahrbuch der Gehe-Stiftung Dresden, hg. von Thomas Petermann, Band 9, Dresden 1903, S. 185–206.

Squires, Peter: „The Politics of Anti Social Behaviour". In: *British Politics* 3 (2008), S. 300–323.

Suter, Ove: „Alltagsverstand. Zu einem hegemonietheoretischen Verständnis alltäglicher Sichtweisen und Deutungen". In: *Österreichische Zeitschrift für Volkskunde* LXX/119, 1–2 (2016), S. 41–70.

Ustinov, Sir Peter: *Achtung! Vorurteile*. Hamburg 2002.
Wirth, Louis: „Urbanism as a way of life". In: *American Journal of Sociology* 44 (1938), S. 1–24.
Wietschorke, Jens: „Historische Kulturanalyse". In: Bischoff, Christine/Oehme-Jüngling, Karoline/Leimgruber, Walter (Hg.): *Methoden der Kulturanthropologie*. Bern 2014, S. 160–176.
Zinganel, Michael: *Real Crime. Architektur, Stadt und Verbrechen*. Wien 2003.

Anmerkungen

1 Ustinov, Sir Peter: *Achtung! Vorurteile.* Hamburg 2002, zit. n. Richter, Horst-Eberhard: *Moral in Zeiten der Krise*. Frankfurt a. M. 2010, S. 170.

2 „Integrationsmaschine Stadt" ist eine Metapher, die die Stadtsoziologie für die fordistische, für Zuwanderung offene Stadt geprägt hatte. Vgl. hierzu die kritische Auseinandersetzung von Stienen, Angela (Hg.): *Integrationsmaschine Stadt? Interkulturelle Beziehungsdynamiken am Beispiel von Bern*. Bern u. a. 2006.

3 In städtischen Todesursachenstatistiken, die ich im Herbst 2016 kursorisch konsultiert habe, nehmen Gewaltdelikte mit Fremdeinwirkungen einen geringen Anteil an; das Risiko etwa in Zürich im Fall eines Sihlseestaudammbruchs umzukommen, der innerhalb von fünf Stunden die Stadt bis zu acht Meter hoch unter Wasser setzen würde, ist wahrscheinlicher als umgebracht zu werden, vgl. N.N.: „Wenn der Damm des Sihlsees brechen würde". In: *NZZ* vom 11.09.2005. http://www.nzz.ch/articleD4KK2-1.169453, 11.11.2016.

4 Marx selbst gibt einen Fingerzeig: „Der Verbrecher unterbricht die Monotonie und Alltagssicherheit des bürgerlichen Lebens. Er bewahrt es damit vor Stagnation und ruft jene unruhige Spannung und Beweglichkeit hervor, ohne die selbst der Stachel der Konkurrenz abstumpfen würde. Er gibt so den produktiven Kräften einen Sporn." Marx, Karl: „Theorien über den Mehrwert. Erster Teil". In: Ders./Engels, Friedrich: *Werke*, Bd. 26.1, Berlin 1985, S. 363, zit. n. Zinganel 2003, S. 14.

5 Vgl. hierzu die empirisch-kulturwissenschaftlichen Studien Rolshoven, Johanna: „SOS: neue Regierungsweisen oder Save Our Souls – ein Hilferuf der Schönen Neuen Stadt". In: Langreiter, Nikola/Rolshoven, Johanna/Haider, Margret (Hg.): *bricolage 6: SOS – Sauberkeit Ordnung Sicherheit in der Stadt* (Innsbrucker Zeitschrift für Europäische Ethnologie). Innsbruck 2010, S. 23–35; Litscher, Monika et al.: *Wegweisung aus öffentlichen Stadträumen*. Luzern 2013; Eisch-Angus, Katharina: *Absurde Angst. Narrationen der Sicherheitsgesellschaft*. Ms. Habilitationsschrift, Philosophische Fakultät der Universität Regensburg, Juli 2016 [in print]; Reiners, Diana/Malli, Gerlinde/Reckinger, Gilles: *Bürgerschreck Punk. Lebenswelten einer unerwünschten Randgruppe*. Wien 2006.

6 Vgl. die Erkenntnisse aus den Studien für Frankreich Bourdieu, Pierre et al. (Hg.): *La misère du monde*. Paris 1993; für die Schweiz Honegger, Claudia/Bühler, Caroline/Schallberger, Peter: *Die Zukunft im Alltagsdenken. Szenarien aus der Schweiz*. Konstanz 2002; für Österreich Katschnig-Fasch, Elisabeth (Hg.): *Das ganz alltägliche Elend. Begegnungen im Schatten des Neoliberalismus*. Wien 2003.

7 Wir sollten der Breite der islamischen Deutungen des Dschihad mehr Gehör schenken, zum Beispiel seine Auslegung als Instrument der gesellschaftlichen Öffnung und des friedlichen Zusammenlebens:
„Und setze dich mit aller Kraft dafür ein (‚dschihad'), dass Gott Gefallen an dir findet, so intensiv, wie es nur geht, und wie es Ihm gebührt. Er hat euch erwählt und euch keine Härte in Glaubensangelegenheiten auferlegt; folgt dem Bekenntnis eures Vaters Abraham" (22:78). http://www.islam-info.ch/de/Dschihad.htm, 24.01.16.

(Un-)sichere Stadt

Vom Umgang mit Risiken und Gefahren in urbanen Räumen

Manfred Rolfes

Einleitung

„Städte sind unsicher!" Dies ist keine neue oder überraschende Beobachtung. Die Stadtforschung thematisiert und reproduziert sie immer wieder. Bereits Anfang des 20. Jahrhunderts zeichnete Simmel ein Bild von der Großstadt als einem Ort, an dem sich das Individuum den vielfältigen Herausforderungen der urbanen Gesellschaft stellen muss. Diese ist einerseits gekennzeichnet durch permanente Verunsicherungen, zum Beispiel in Form von Reizüberflutungen, Kontakten mit Fremden, hoher Anonymität oder Dichte. Andererseits bietet die Stadt aber auch die Möglichkeit des Abtauchens in eine gesellschaftliche Anonymität und eröffnet damit individuelle Freiheitsräume (Simmel 2006, zuerst 1903). Aus einer kulturhistorischen Perspektive beschrieb Schlör (1994), wie sich Ende des 19. und Anfang des 20. Jahrhunderts über eine sittlich-moralische Ächtung und zunehmende polizeiliche Kontrollen der nächtlichen Ausschweifungen in städtischen Vergnügungsvierteln eine bis heute existierende Angst vor der Großstadtnacht etablieren konnte. Auch hier lagen Freiheit, Unsicherheit und Kontrolle nahe beieinander. Wehrheim (2009) analysierte die räumliche Ausdifferenzierung des wahrgenommenen Fremden und die damit verbundenen (Re-)Produktionen unsicherer Räume. Er zeigte, wie Fremdheit und Unsicherheit verräumlicht wird und schließlich darauf bezogene, räumliche Kontrollstrategien und Disziplinierungsmechanismen in Stellung gebracht werden. Als Konsequenz ergibt sich eine eingeschränkte Zugänglichkeit öffentlicher Orte in der Stadt.

Dabei weist gerade der öffentliche Raum in der Stadt diese zweiseitige Funktion von einerseits Anonymität, Unsicherheit und Bedrohung, andererseits aber auch Freiheit und Unkontrolliertheit auf. „Die Zugänglichkeit des öffentlichen Raumes der Stadt für jedermann beruht auf einer prekären Balance zwischen Anonymität und sozialer Kontrolle, zwischen Sicherheit und Verunsicherung, zwischen Vertrautem und Fremdem, zwischen Gleichheit und Differenz" (Siebel/Wehrheim 2003: 6). Es lassen sich somit zahlreiche wissenschaftliche Plausibilisierungen und Argumentationsstränge finden, nach denen Städte und insbesondere Großstädte als Orte von Risiken, Gefahren oder Unsicherheiten eingeschätzt und kommuniziert werden. Interessant ist dabei, dass gerade das, was den Reiz von Urbanität ausmacht – nämlich die zahlreichen (Kontakt-)Möglichkeiten und Aktivitätsangebote, die die Stadt und ihr öffentlicher Raum bieten – gleichzeitig Verunsicherungen auslöst.

Vor diesem Hintergrund soll im ersten Teil dieses Beitrags mit Orientierung an urbanen und räumlichen Bezügen der Frage nachgegangen werden, wie die moderne Gesellschaft mit Risiken, Gefahren oder Sicherheit in der Stadt umgeht. Dazu werden ein paar systematisierende Überlegungen angestellt. Im zweiten Teil stehen dann die Funktionslogiken städtischer Präventionspolitiken sowie Strategien der *securization* im Mittelpunkt. Beispielhaft wird gezeigt, inwieweit Präventionspraktiken zu gewünschten und unerwünschten Folgen führen. Im dritten Teil geht es dann im Schwerpunkt um raumbezogene Präventionspraktiken. Dort wird diskutiert, welche Funktion und Wirkung die Kategorie „Raum" als Beobachtungsfokus und Interventionsebene besitzt. Inwieweit raumbezogene Präventionspolitiken als Indikator für eine Neoliberalisierung des Städtischen gesehen werden können, wird zum Abschluss diskutiert.

Risiken und Sicherheiten in der Stadt

Die Ausführungen dieses Artikels orientieren sich an einem systemtheoretischen Gesellschaftsverständnis, wonach die Zukunft als entscheidungsabhängig aufgefasst wird, das heißt ihr Verlauf von gegenwärtigen Entscheidungen bestimmt ist (vgl. Luhmann 2003, zuerst 1991; Japp 2000; Vorderstraße 2014). Aktuelle Entscheidungen bewirken Konstellationen in der Zukunft, determinieren deren Geschehensablauf. Allerdings kann in der Gegenwart nicht zweifelsfrei vorhergesagt werden, was genau bzw. welche spezifischen Folgen eine aktuelle Entscheidung später nach sich ziehen wird. Insofern sind alle Entscheidungen mit Risiken verbunden; unerwünschte Folgen, Enttäuschungen oder auch entgangene Vorteile sind vorprogrammiert. So kann die Entscheidung, aufgrund von Ängsten vor unangenehmen Begegnungen den kürzeren Weg durch den dunklen Park zu meiden und stattdessen einen längeren Umweg in Kauf zu nehmen, mit dem Risiko gekoppelt sein, später nach Hause zu kommen und dadurch einen wichtigen Anruf zu verpassen. Oder die sicherheitspolitische Entscheidung, an öffentlichen Plätzen Videoüberwachungsanlagen zu installieren, kann zur Verdrängung der vermeintlich gefährlichen Personen aus dem überwachten Raum führen und die Kriminalität und Unsicherheit an anderen Orten erhöhen.

Entscheidungen sind also immer mit dem Risiko verbunden, dass ein Schaden eintreten kann oder ein Vorteil ausbleibt. Idealerweise gilt es Entscheidungen so zu fällen, dass die Risiken und Schäden für Individuen und/oder die Gesellschaft minimiert werden. Um nun solche sozialen oder finanziellen Schäden zu vermeiden, versuchen beispielsweise politisch Verantwortliche möglichst gute oder „richtige“ Entscheidungen zu treffen (vgl. Gigerenzer 2013). Häufig greifen sie dabei auf das Wissen von Vertretern oder Experten aus der Wissenschaft zurück. Zur besseren Einschätzung von Risiken und deren Bearbeitung werden beispielsweise Risikomanagementsysteme installiert oder Risk-Governance-Ansätze entwickelt (vgl. Renn 2008). An zwei Beispielen kann kurz demonstriert werden, wie Städte im Umgang mit Risiken agieren bzw. wie Sicherheit erzeugende Entscheidungen entwickelt und abgesichert werden:

- Die Stadt Zürich hat mit einem Ratsbeschluss vom 13. April 2011 ein Chancen- und Risikomanagement eingeführt. Dazu wurde im Finanzdepartement der Stadt ein „Kompetenzzentrum Risiko- und Versicherungsmanagement“ eingerichtet. Die Durchführungsbestimmungen und rechtlichen Regelungen sind in einem Risiko- und Versicherungsreglement festgelegt worden, darin heißt es im Art. 6 „Vermeiden und vermindern von Risiken“: „Den Organisationseinheiten der Stadt obliegt es, Risiken aufgrund einer systematischen Risikoanalyse möglichst zu vermeiden oder zu vermindern“ (Stadt Zürich 2015). Im Kern geht es darum, die Versicherbarkeiten von Personal-, Sach- und Vermögenschäden abzuschätzen; also Entscheidungen mit Blick auf das finanzielle Ausmaß potenzieller Schäden besser treffen zu können.
- Im Rahmen seiner Programmlinie „Experimenteller Wohnungs- und Städtebau (ExWoSt)“ förderte das deutsche Bundesinstitut für Bau-, Stadt- und Raumforschung (BBSR) das Projekt „Stresstest Stadt – Mit neuen Risiken planen und leben lernen“. Mit dem Projekt werden Städte unterstützt, unterschiedliche Risiko- und Stressszenarien (zum Beispiel demografische Schrumpfungsprozesse, soziale Polari-

sierungen, Extremwetterereignisse, ökonomischer Strukturwandel mit Arbeitsplatzverlusten) klarer kalkulieren zu können, um dann bessere Sicherheit versprechende Entscheidungen zu treffen (vgl. BBSR 2016).

Organisationen entwickeln also Programme und Mechanismen, um die urbanen Risiken besser kalkulierbar erscheinen zu lassen und letztlich Sicherheit herzustellen oder zumindest wahrscheinlich(er) zu machen. Folgt man Luhmann, so lässt sich vor allem bei bürokratisch agierenden Organisationen (zum Beispiel Verwaltungen) ein risikoaverses Entscheiden beobachten: „Bürokratisches Verhalten ist in extremem Maße risikoavers [...]. Die oberste Regel ist: Keine Überraschungen zulassen" (Luhmann 2003: 203). Dieses Fällen von Entscheidungen, um Risiken in Sicherheit zu transformieren, ist eine gesellschaftliche Herausforderung, der sich insbesondere das politische System annimmt. Denn es ist eine Kernaufgabe von Politik, einen kollektiv verbindlichen Rahmen zu schaffen, um Probleme zu lösen. Politik erlässt beispielsweise Gesetze und Verordnungen und/oder stellt finanzielle Mittel bereit, die in ihrer Umsetzung dazu beitragen, unter anderem auf der polizeilichen oder kommunalen Ebene Straftaten zu minimieren oder die Innenstädte sicherer zu machen. Die wissenschaftliche Debatte um die Versicherheitlichung (*securization*) der Städte bestätigt diese Perspektive (vgl. die Beiträge in Lippert/Walby 2013). Die urbane Sicherheitsproduktion geschieht immer auch in Form von Präventionsentscheidungen, die beispielsweise eine Zunahme von Überwachungs- und Kontrollmaßnahmen beinhalten. Solche Entscheidungen finden nun nicht – und dies sei bereits jetzt mitbedacht – in einem ideologie- und wertfreien gesellschaftlichen Kontext statt. Erstens wird gerade im Hinblick auf die urbane Sicherheitsproduktion immer wieder auf den hohen Stellenwert hegemonialer neoliberalisierter Strömungen auf die Sicherheitspolitik hingewiesen (vgl. Kern 2016). Zweitens erscheinen die risikominimierenden Entscheidungen mitunter irrational und paradox (vgl. Renn 2014), gerade wenn es um das Vermeiden und Vermindern von Ängsten im Zusammenhang mit Kriminalität und abweichendem Verhalten geht (vgl. Strasser 2013: 63ff.). So erweisen sich aus einer wahrscheinlichkeitstheoretischen Perspektive die Ängste der Bevölkerung vor Kriminalität selten als gerechtfertigt, dennoch werden basierend auf diesen Ängsten individuelle Handlungsweisen angepasst und weitreichende präventive Entscheidungen gefällt.

Aus einer systemtheoretisch argumentierenden Perspektive ist allerdings der Versuch, urbane Risiken durch die Präventions- oder Überwachungsentscheidungen der kommunalen sicherheits- und kriminalpolitischen Organisationen in Sicherheit zu überführen, als eine Leerformel zu verstehen.

Denn jede Entscheidung ist mit Risiken verbunden: „Es gibt kein risikofreies Verhalten. […] Man mag kalkulieren, wie man will, und mag in vielen Fällen zu eindeutigen Ergebnissen kommen. Aber das sind nur Entscheidungshilfen. Sie bedeuten nicht, dass man, wenn man überhaupt entscheidet, Risiken vermeiden kann“ (Luhmann 2003: 30). Es lässt sich schlussfolgern, dass auch Sicherheit erzeugende Entscheidungen und kriminalpräventives Agieren stets Risiken und Gefahren produzieren, und zwar sowohl für den Entscheider selbst als auch für andere, die durch solche Entscheidungen Einschränkungen erfahren.[1] Betroffen sind dann zum Beispiel Obdachlose, die aus den Innenstädten verdrängt werden, weil sie dort durch Betteln, Alkoholkonsum oder einfach nur ihr Erscheinungsbild irritierend und verunsichernd wirken.

Präventionspraktiken: stabilisierend und riskant

Nach diesen systematisierenden Überlegungen können nun Präventionspraktiken in den Fokus genommen werden. Urbane Präventionspraktiken lassen sich einerseits als stabilisierend und anderseits auch als riskant bezeichnen. *Stabilisierend* sind Präventionspraktiken deshalb, weil das politische System, die kommunale Verwaltung oder die Polizei damit dokumentieren und kommunizieren, dass sie (pro)aktiv damit beschäftigt sind, in der Gesellschaft und für die Gesellschaft Sicherheit zum Beispiel in öffentlichen Räumen schaffen. Die gesellschaftliche Kommunikation über Sicherheitsorganisationen, Präventionsmaßnahmen, deren Wirkungen und Herausforderungen trägt dazu bei, die Existenz dieser sichernden Organisationen im kollektiven Bewusstsein zu halten und zu aktualisieren, ihren hohen Stellenwert für den Prozess der Versicherheitlichung zu bestätigen und letztlich die Selbsterhaltung dieser Organisationssysteme zu sichern. Vor diesem Hintergrund sind Medienberichte über Präventionspraktiken und deren Wirkungen, Berichte über neue Ziele der Sicherheitspolitik, die Entwicklung der Kriminalitätsstatistiken oder die Ressourcenengpässe bei der Polizei wichtige Beiträge, um die Arbeit und Existenz derjenigen Organisationen zu stabilisieren, die für eine Aufrechterhaltung von Sicherheit und Ordnung zuständig sind.

Präventionspraktiken sind aber auch *riskant*. Entscheidungen, die auf der einen Seite (oder für eine gesellschaftliche Gruppe, etwa die Konsumenten in der Innenstadt) Sicherheit bedeuten, können auf einer anderen Seite (oder für eine anderen Gruppe, etwa skatende Jugendliche, denen in der City das Skaten untersagt wird) gerade die Risiken oder Sanktionsgefahren erhöhen. Die Risikoabsicherung gegen Kriminalität und urbane Unsicherheit vollzieht sich in Form von Präventionsentscheidungen (etwa die

Einführung von Videoüberwachungssystemen oder einer vorhersagenden Polizeiarbeit/*predictive policing*) und etablierten Präventionspraktiken (etwa kriminalpräventiver Städtebau oder vermehrte Streifenfahrten zu sozialen Brennpunkten). Dies hat zwei riskante Folgen: So kann erstens eine *Zunahme der Risikobereitschaft* beobachtet werden. Beispielsweise verleitet ein Fahrsicherheitstraining, welches in erster Linie dazu beitragen soll, sich sicherer und souveräner im Straßenverkehr zu bewegen, vor allem junge Autofahrer mitunter zu einer riskanteren Fahrweise. Zweitens vermitteln Präventionspraktiken oftmals nur eine *Illusion von Kontrollierbarkeit.* Durch sie werden zwar Risiken in einem Sektor oder Raumausschnitt minimiert, sie können aber die Chance von Schäden oder die Erhöhung von Risiken in anderen Sektoren oder Räumen erhöhen. *Predictive policing* (also die Vorhersage von Orten, an denen ein Einbruch wahrscheinlich ist) erweckt den Eindruck, man habe die Einbruchskriminalität in einem Wohnblock besser im Griff, stattdessen weichen potenzielle Einbrecher lediglich auf andere Objekte aus. Mit diesen Präventionspraktiken ist also verbunden, dass es durch Verdrängungseffekte zu vermehrten Unsicherheiten, Irritationen und Straftaten an anderen, nicht überwachten Orten kommt.

Dass Präventionspraktiken sowohl stabilisierend als auch riskant sind, soll am Beispiel der Einführung des Community Policing in Zürich gezeigt werden (vgl. Stadt Zürich 2016). Community Policing ist eine stadtteilbezogene, an lokalen Problemlagen ausgerichtete, lösungsorientierte Polizei- und Präventionsarbeit. Die persönliche Nähe und Kontaktmöglichkeit der Polizei zu den Bürgern und die beabsichtigte Bewohnerorientierung sind wesentliche Elemente des Community Policing (vgl. Rolfes 2015: 93). Das Konzept erinnert an die Streifen- und Revierpolizisten traditioneller Prägung, die ihre Reviere und seine Bewohner kennen und Ansprechpartner für die Sorgen und Nöte der Bürger sind. Community Policing wurden Ende der 1990er Jahre in Zürich und vier weiteren Schweizer Städten eingeführt. Auf der zugehörigen Homepage der Stadt Zürich heißt es dazu „Als ‚Community Policing' wird die Partnerschaft zwischen der Polizei und der Bevölkerung bezeichnet und wird ganz im Sinne ‚gemeinsam für ein sicheres Quartier' gelebt" (Stadt Zürich 2016, Hervorhebungen im Original). Im Rahmen einer wissenschaftlichen Analyse wurde das Projekt Community Policing im Jahr 2011/2012 positiv evaluiert. Christian Kreis stellte vor allem in Bern und Zürich eine signifikante Reduktion der subjektiven Unsicherheit in der Bevölkerung fest (vgl. Kreis 2012: 184).

Die Etablierung von Community Policing kann somit zunächst als Ausdruck der *Risikoaversion* der Gesellschaft verstanden werden. Im Zentrum steht der Wunsch, in ausgewählten Räumen die Gefahren und Risiken für die Bevölkerung zu verringern, Opfer von Straftaten oder Unsicherheit zu werden. Auch die *Stabilisierungsfunktion* für das politische System und für die Polizei ist offensichtlich. Die für die Sicherheit in der Stadt verantwortlichen Institutionen stellen ihre Entscheidungsfähigkeit unter Beweis. Es wird deutlich gemacht, dass die potenziell betroffenen Bürger ernst genommen werden; seitens der Stadt und der Polizei wird im Hinblick auf eine gelingende Sicherheitsproduktion zu den Bürgern Vertrauen aufgebaut: „Sie geben uns konkrete Hinweise auf problematische Situationen in Ihrem Quartier. Wir nehmen Ihre Anliegen entgegen, tragen diese zusammen und sprechen uns mit den verschiedenen Abteilungen innerhalb und ausserhalb der Polizei ab. [...] Und klar, gerne geben Ihnen unsere Präventionsspezialisten nützliche Ratschläge mit auf den Weg und zeigen Ihnen, wie Sie Ihren Alltag sicherer machen können" (Stadt Zürich 2016). Es wird der Eindruck erweckt, und schließlich auch mit Evaluationsergebnissen belegt, dass potenzielle Schäden verringert, Gefahren reduziert und Risiken eingeschätzt werden können.

Doch welche neuen und zusätzlichen *Risiken* können diese Präventionsentscheidungen nun nach sich ziehen? Erstens ist eine erhöhte Risikobereitschaft vorstellbar: Bei der Bevölkerung mag sich angesichts der häufigen Anwesenheit der Polizei und der Wahrnehmung der stärkeren Polizeipräsenz ihre allgemeine Risikobereitschaft im öffentlichen Raum oder Quartier erhöhen, zum Beispiel eine größere Sorglosigkeit im Hinblick auf die Sicherung der eigenen Wohnung oder beim An-/Abschließen von Fahrzeugen/Fahrrädern.

Zweitens zeigt sich womöglich bei der Polizei, der Stadtverwaltung oder dem Quartiermanagement eine *illusion of control*. Es wird der Eindruck erweckt bzw. es wird davon ausgegangen, man könne tatsächlich sichere(re) Stadtquartiere schaffen. Dies mag sich beispielsweise im Rückgang von beobachtbarer Straßenkriminalität zeigen, wohingegen sich andere Straftaten durch Community Policing nur unwesentlich reduzieren lassen (zum Beispiel Wirtschaftskriminalität, häusliche Gewalt etc.).

Drittens werden weitere Risiken des Community Policing sichtbar, wenn man einen Blick in die kritische Stadtforschung und kritische Kriminalgeografie wirft. Dort wird argumentiert, dass die dezentrale Sicherheitsproduktion in der Form einer stadtteilnahen Polizeiarbeit ebenso wie eine neoliberalisierte Stadtpolitik unter anderem unangepasste, an den Rand gedrängte oder nicht der Norm entsprechende Personen als verunsichernde und damit räumlich auszugrenzende Gruppen im Fokus hat (vgl. Rolfes 2015: 101ff.). Aus dieser Perspektive heraus wird das Community Policing auch von einer kritischen Züricher Stadtöffentlichkeit eher abgelehnt und als riskant gesehen. Diese Auffassung wird in der in Zürich erscheinenden, stadtkritischen Gratiszeitung *antidotincl*, die sich selbst als „linkes Gegengift zum rechten Mainstream" (Verein antidot 2016) versteht, vertreten und vertieft: „Das Programm eines Community Policing, das Stadtpolizei und Polizeivorstand seit Jahren vor sich hertragen, überdeckt, dass die nicht-institutionalisierten und die an den Rand gedrängten Interessen der städtischen ‚Community' sich nicht durchsetzen können gegen die Interessen der Wohlhabenden und Wohlanständigen. Das Gerede von der 24-Stunden-Gesellschaft und den ‚Nutzungskonflikten' im öffentlichen Raum verschleiert, dass die Nutzer*innen dieses Raumes keineswegs gleich an Rechten und an Macht sind. Die Polizei entwickelt sich zur gewaltsamen Vollzugsinstanz der Gentrifizierung" (Busch 2015: 4). Damit ist auch eine zentrale Argumentation innerhalb der kritischen Kriminologie angedeutet: Die urbane Sicherheitspolitik birgt das Risiko, durch Ausgrenzungs- und Kontrollmechanismen seitens staatlicher Ordnungsbehörden und privater Sicherheitsdienste eine soziale Polarisierung der Gesellschaft zu stützen. Denn diese „Kultur der Kontrolle" fokussiert nach Garland (2008, zuerst 2001) insbesondere auf die untersten Gesellschaftsschichten. Vor allem diese würden immer stärker kontrolliert und räumlich segregiert. Damit solle der konsumierenden Wohlstandsgesellschaft Ruhe, Schutz, Sicherheit und Ordnung geboten werden.

Der räumliche Blick auf urbane Risiken, Sicherheit und Prävention

In diesem Abschnitt soll nun gezeigt werden, welchen besonderen Stellenwert räumliche Kategorien bei der Prävention von urbaner Unsicherheit und Kriminalität besitzen. Räume und Verräumlichungen sind im Prozess der *securization* ein wichtiges Ordnungsschema, weil sie einerseits die Beobachtung von sicherheitsbezogenen Gefahren und Risiken strukturieren, andererseits aber auch Bühne für die Umsetzung von Präventionsentscheidungen sind. Der räumliche Zugang zur Erfassung von Kriminalität und Unsicherheit zeigt sich in vielfältiger Weise. So werden in der alltäglichen Kommunikation häufig ganze Stadtteile oder einzelne Straßenzüge als unsicher kommuniziert, Grünanlagen oder Parks als Angstorte beschrieben, auf Gefahren von Taschendiebstahl in der City hingewiesen oder vor dem Betreten bestimmter öffentlicher Plätze oder von Veranstaltungsorten (zum Beispiel Fußballstadien) gewarnt. Auch die städtische Kriminal- oder Sicherheitspolitik nutzt vorwiegend räumliche Daten, um Aussagen über Kriminalität und Unsicherheit zu erhalten. Beispielweise werden im Rahmen von Sozialraumanalysen oder kriminologischen Regionalanalysen die Daten der polizeilichen Kriminalstatistik auf Stadtquartiere heruntergebrochen oder

Befragungen zum Sicherheitsempfinden auf Stadtteil- oder Wohnblockebene durchgeführt. Dazu gehören bei der Polizei auch raumbezogene Analysen und Prognosen von Unsicherheit und Kriminalität, die geocodierte Sozial- und Kriminalitätsdaten benutzen (zum Beispiel *crime mapping* und *predictive policing*).

Dieser raumbezogene Fokus bei der Beobachtung von Kriminalität und Unsicherheit begünstigt und unterstützt eine an Raumkategorien orientierte Sicherheitsproduktion, die in Form von räumlichen Präventionspraktiken stattfindet. Dazu zählen gemeinhin erstens der Einsatz räumlicher Überwachungsstrategien zur Erhöhung der sozialen Kontrolle (wie das Aufstellen von Videokameras an stark frequentierten Orten), zweitens Betretungsverbote und Platzverweise für indizierte Personengruppen und Nutzungen (zum Beispiel verschärfte Personenkontrollen oder Alkoholverbote in Parks), drittens die Ausgrenzung von Personen und Nutzungen infolge von Privatisierungen (beispielsweise durch Hausverbote für spezifische Personengruppen in Shopping-Malls), viertens soziale (Raum-)Kontrolle durch einen kriminalpräventiven Städtebau und den Bau geschlossener Wohnkomplexe (Gated Communities) und schließlich fünftens eine grundsätzliche Kommunalisierung und Dezentralisierung von Prävention, wie sie unter der Bezeichnung kommunale Kriminalprävention bekannt ist. Schreiber beschreibt diesen Einsatz raumbezogener Präventionspraktiken als ein kommunales Risikomanagement (vgl. Schreiber 2011: 38): Die politisch Verantwortlichen installieren auf der Gemeinde- oder Stadtteilebene beispielsweise ein kommunales Präventionskonzept, in dessen Rahmen zielgenaue Interventionen geplant und umgesetzt werden (zum Beispiel Einrichtung von Videoüberwachungen, Ermittlungsgruppen gegen die offene Drogenszene, Selbstbehauptungskurse für Mädchen, innerstädtischer Streifen- oder Ordnungsdienst, Einstellung eines kommunalen Präventionsbeauftragen, Einrichtung einer kommunalen Lenkungsgruppe Prävention). Die Phänomene Kriminalität und Unsicherheit und die damit verbundenen Risiken werden durch diese politischen Entscheidungen als vermeintlich beherrschbar(er) wahrgenommen. Urbane Kriminal- und Sicherheitspolitik versucht mit solchen räumlichen Praktiken, Risiken in Sicherheit zu transformieren. Sie bedient sich dabei der staatlichen Administration und seiner Organe (wie Polizei, Staatsanwaltschaft, Kommunalverwaltungen, Justizvollzugsanstalten), mitunter aber auch privater Sicherheitsunternehmen (etwa bei Personenkontrollen oder Ordnungsdiensten).

Die Funktionen und Wirkungsweisen der hier angerissenen raumbezogenen Präventionspraktiken lassen sich wiederum in eine stabilisierende und eine riskante Dimension zerlegen. Die stabilisierende Funktion für

Politik, Sicherheitsbehörden und schließlich die moderne Gesellschaft liefert der Raumzugang erstens, weil ein raumbezogenes Monitoring die Grundlage schafft, die Phänomene Unsicherheit und Kriminalität in ihrer räumlichen Differenzierung sichtbar und damit für die Gesellschaft und ihre Präventionspraktiken zugreifbar zu machen. Darauf aufbauend stellen Räume zweitens eine zentrale Anschlussmöglichkeit für präventive Interventionen dar. Polizeireviere, Programmgebiete für eine soziale Stadterneuerung, großflächige Einzelhandelsstandorte oder auch administrative Raumeinheiten wie Gemeinde, Kreise oder Distrikte sind für die präventiven und sichernden Eingriffe der staatlichen oder privaten Ordnungsbehörden *die* Handlungsbühne und Operationsebene. Vielfach werden nämlich drittens die Programme oder Konzepte, in denen oder mit denen Präventionsentscheidungen oder Risikomanagements umgesetzt werden, auf administrativ-räumlichen Ebenen umgesetzt, zum Beispiel als kommunale Kriminalprävention oder kantonales bzw. regionales Risikomanagement. Mit der Orientierung an den alltagsweltlich gut verständlichen und operativ klar abgegrenzten Räumen, können die Gefahren, die der Gesellschaft in Form von Kriminalität und Unsicherheit drohen, in räumlich begrenzbare und dort zu bekämpfende oder vorzubeugenden Risiken transformiert werden. Die „gesellschaftliche Großwetterlage" im Hinblick auf Kriminalität und Unsicherheit lässt sich also viertens sehr gut stabilisieren, wenn riskante Räume ausgewiesen werden, in denen Kriminalität und Unsicherheit vor allem auftreten und dort mit entsprechenden Interventionen effizient angegangen werden. Kriminalitäts- und Unsicherheitsräume zu benennen, kann somit als eine überzeugende Entlastungs- und Stabilisierungsstrategie gesehen werden. Wenn in ausgewiesenen Räumen Unsicherheiten festgestellt werden (etwa rechtsextreme Aktivitäten im ländlich-peripheren Brandenburg) und als Reaktion darauf innovative Präventionsstrategien zum Einsatz kommen (vgl. Kohlstruck et al. 2014), dann wird ein gesellschaftliches (also soziales und unräumliches) Problem verortet, dort bekämpft und damit die Handlungsfähigkeit der Sicherheitsbehörden dokumentiert.

Es wurde aber bereits deutlich, dass der räumliche Fokus von Präventionspraktiken gleichzeitig mit Risiken verbunden ist und Gefahren für neue Betroffenengruppen produziert. Erstens legt ein räumlicher Blick Vereinfachungen und Stigmatisierungen nahe; denn komplexe Problemzusammenhänge werden auf sehr einfache Logiken reduziert. Die auf der Raumebene festgestellte Kriminalität oder Unsicherheit wird beispielsweise mit einer im gleichen Raumausschnitt beobachteten Deprivation, mit sozialer Benachteiligung, Migrantenanteilen oder Armut in Zusammenhang gebracht. Dies führt zur Stigmatisierung von Gruppierungen, denen solche benachteiligenden Merkmale zugeschrieben werden. Auf der Raumebene erscheinen Korrelationen, die sich als Kausalitäten verallgemeinern lassen. Soziale Merkmale werden mit Raumeigenschaften erklärt, zum Beispiel die benachteiligende Wirkung räumlicher Benachteiligung (Ghetto-Effekt). Die Vereinfachungen haben zweitens einen homogenisierenden Effekt: Die zugeschriebenen Eigenschaften des Raums und die angenommene Kausalität werden auf *alle* Bewohner dieses Raums übertragen. Von den abstrahierten Merkmalen eines Quartiers wird auf *alle* Einwohner eines sozial benachteiligten Stadtteils geschlossen oder *alle* Mitglieder einer bestimmten Gruppe, etwa jugendliche Migranten, werden generalisiert. Alle geraten in den Verdacht, kriminell oder normabweichend zu sein und Unsicherheit auszulösen. Drittens lenkt diese Verräumlichung sozialer und ökonomischer Problemlagen davon ab, dass gerade soziale und ökonomische Probleme nicht in erster Linie räumlich bekämpft oder ihnen nicht räumlich vorgebeugt werden kann (etwa in Programmgebieten der städtebaulichen Erneuerung oder in sozialen Brennpunkten). Räumliche Präventionsstrategien nähren die *illusion of control*; sie vernachlässigen aber, dass Kriminalität, Irritationen und Unsicherheiten unter anderem psychologische, soziale und ökonomische Auslöser haben. Sie laufen damit Gefahr, lediglich die (räumlich) sichtbaren Symptome zu behandeln. Viertens verschleiert der räumliche Blick auf Kriminalität und Unsicherheit weitere Problemverursacher und Problemfelder von Kriminalität und Unsicherheit, die räumlich nicht gesehen werden oder nicht expliziert werden. Als Problemverursacher gilt, was räumlich nahe liegt. So kann auch verdeckt werden, dass diskriminierende Ziele, die mit der Präventionsentscheidung verbunden sind, nicht offengelegt werden, wie etwa raumbezogene Kontroll- und Verdrängungspraktiken, die erst zur Kriminalisierung führen. Fünftens muss auch die naturalisierende Wirkung eines räumlichen Blicks als Risiko aufgeführt werden. Ein problematisierender Zugang über Räume oder Visualisierungen durch Karten verspricht häufig eine Objektivität, die jedoch nicht gegeben ist. Phänomene werden durch ihre räumliche Darstellung naturalisiert, für „wahr" gehalten. Dass es sich um Abstraktionen handelt, wird nicht gesehen und nicht hinterfragt. Sechstens hat schließlich die Deklarierung von kriminellen oder unsicheren Räumen durch Politik oder Medien zur Folge, dass die Verantwortung für einen unversehrten Aufenthalt in solchen Räumen individualisiert wird. Es kann also als eine Verlagerungsstrategie verstanden werden, bei der die Risikoentscheidung beispielsweise weg von der Politik oder Polizei dem Einzelnen als Entscheider überantwortet wird: „Wer sich in einem gefährlichen Raum aufhält, hat selbst schuld, wenn ihm oder ihr dort etwas passiert." In der Versicherungsbranche sind solche räumlichen Risikozonen bereits üblich.

Soziale Selektivität urbaner Versicherheitlichung

Die eingangs aufgestellte Behauptung, „Städte sind unsicher", ist also zu pauschal. Sie könnte in folgender Form erweitert werden: „Städte sind mitunter unsicher, aber nicht für Jede(n) überall in der gleichen Weise." Dahinter verbirgt sich die Erkenntnis, dass unter anderem räumliche Präventionspraktiken nicht in einem ideologie- und wertfreien Kontext stattfinden. Vor diesem Hintergrund ist es interessant, die folgenden Fragen zu stellen: Wer profitiert politisch und ökonomisch von den räumlichen Strategien der urbanen Sicherheits- und Kriminalpolitik und wer ist davon benachteiligend betroffen? Was wird durch eine Dekonstruktion des räumlichen Blicks (besser) sichtbar und was wird oder bleibt verborgen? Wem dient es, dass Gefahren und Risiken an ganz bestimmten Orten, in Quartieren oder Regionen verräumlicht werden? Die Antworten auf diese Fragen können deutlich machen, inwieweit und welche sozial selektiven Wirkungen aus den urbanen Versicherheitlichungs- und Präventionsstrategien resultieren.

Mit Blick in die Debatten der kritischen Stadtforschung lassen sich einige argumentative Stränge identifizieren, aus denen Antworten auf die eben gestellten Fragen abgeleitet werden könnten. Ausgangspunkte werden in den von neoliberalisierten Strömungen inspirierten hegemonialen Macht- und Herrschaftsdiskursen von Politik- und Sicherheitsorganisationen gesehen, deren Funktionslogik bestehende Herrschafts- und Ausbeutungsverhältnisse (re-)produziert. Die urbanen Organisationen orientieren ihre sicherheits- und präventionspolitischen Entscheidungen immer stärker an effizienz- und marktbezogenen Steuerungskalkülen, die sich in den räumlichen Präventionspraxen niederschlagen (vgl. Mayer 2013: 156ff.; Röpcke/Rolfes 2013: 368f.). So wird argumentiert, dass die raumbezogenen Präventionspraktiken und die dahinterliegenden politischen Steuerungsmechanismen nicht mehr in erster Linie zum Ziel haben, Menschen mit abweichendem Verhalten sozial und ökonomisch in die Gesellschaft zu (re-)integrieren. Im Gegenteil: Ihrer Resozialisierungsfähigkeit sowie ihrer Integrations- und Leistungsbereitschaft wird in der Regel pauschal pessimistisch und misstrauisch begegnet (was beispielsweise in dem häufig verwendeten politischen Slogan „Fordern und Fördern" zum Ausdruck kommt). Demzufolge zielen räumliche Präventionspraktiken und Kontrollmechanismen tendenziell darauf, von der Norm abweichende Personen oder irritierende Gruppen über räumlich operierende Selektionsprinzipien zu identifizieren und deren Verhaltensweisen zu sanktionieren oder sie zumindest zu verdrängen. Vor allem in repräsentativen und städtetouristisch wertvollen Stadträumen (Innenstädte, Einkaufspassagen, Kulturstandorte,

Bahnhöfe) kommen staatlich und privatwirtschaftlich organisierte Kontrollmechanismen mit diesen Wirkungen zum Einsatz. Der sozial selektive Zugriff auf die Stadtgesellschaft erfolgt damit in einem erheblichen Maße über räumliche Interventionsformen. Dies können Verbote, Hausordnungen, Überwachungen oder Kontrollen in bestimmten Räumen sein, und zwar sowohl in (halb)öffentlichen Räumen (Plätze, Fußgängerzonen, Stadien, Bahnhöfe) als auch in privaten (Einkaufszentren, Freizeiteinrichtungen). Folglich lässt sich damit die Beobachtung untermauern, dass Kosten-Nutzen-Kalküle, Repräsentationsfunktionen und Privatisierungen eine wachsende und dominierende Rolle dabei spielen, *wo* räumliche Präventionspraktiken umgesetzt werden, *wer* davon profitiert, *für wen* dadurch Risiken kalkulierbarer werden und *für welche Gruppen* Gefahren und Beeinträchtigungen resultieren.

Als Risiken einer so verfassten raumbezogenen Sicherheits- und Kontrollpolitik ergeben sich sozioökonomische oder politische Ausgrenzungen (vgl. Schreiber 2011: 42; Eick et al. 2007: 9ff.). In öffentlichen und halböffentlichen Räumen werden infolgedessen soziale Benachteiligungen, Armut und gesellschaftliche Irritationen (wie Obdachlosigkeit, Krankheit oder Normabweichungen) immer weniger sichtbar und als gesellschaftliche Phänomene tendenziell verdeckt. Die im Dienste räumlicher Präventionspraktiken etablierten Kontrollen, Ge- und Verbote bergen darüber hinaus die Gefahr, die bürgerlichen Freiheitsrechte immer stärker einzuschränken und spielen somit eine wesentliche Rolle bei der neoliberalen Neuordnung und Versicherheitlichung des öffentlichen wie privaten Raums in der Stadt (vgl. Mullis 2011: 14ff.; Trojanow/Zeh 2009). Der Ansatz, über räumliche Präventionspraktiken die Stadträume sicherer zu machen, muss letztlich in seinem Anspruch scheitern. Es gelingt allenfalls, Risiken zu verlagern oder sie besser kalkulieren zu können. Dabei wird eine sozial selektive Wirkung durch die räumlichen Sicherheits- und Präventionspolitiken erzeugt, die neue Betroffenengruppen schafft und für die Präventionspraktiken sogar eine Gefahr darstellen können.

Bibliografie

BBSR – Bundesinstitut für Bau-, Stadt- und Raumforschung: *Stresstest Stadt – Mit neuen Risiken planen und leben lernen*. 2016. http://www.bbsr.bund.de/BBSR/DE/FP/ExWoSt/Studien/2014/StresstestStadt/01_Start.html?nn=431364, 27.10.2016.

Busch, Heiner: „Die Macht erobern … oder von der Macht erobert werden? Seit 25 Jahren ist das Stadtzürcher Polizeidepartement in linken Händen. Was hat's gebracht?" In: *antidotincl*, Nr. 2/2015, S. 4–6. http://www.antidotincl.ch/images/archiv/antidotincl_21.pdf, 08.11.2016.

Eick, Volker/Sambale, Jens/Töpfer, Eric (Hg.): *Kontrollierte Urbanität. Zur Neoliberalisierung städtischer Sicherheitspolitik*. Bielefeld 2007.

Garland, David: *Kultur der Kontrolle. Verbrechensbekämpfung und soziale Ordnung in der Gegenwart* (Frankfurter Beiträge zur Soziologie, Bd. 12). Frankfurt a. M./New York 2008.

Gigerenzer, Gerd: *Risiko. Wie man die richtigen Entscheidungen trifft.* München 2013.
Japp, Klaus P.: *Risiko.* Bielefeld 2000.
Kern, Anna: *Produktion von (Un-)Sicherheit – Urbane Sicherheitsregime im Neoliberalismus* (Raumproduktionen: Theorie und gesellschaftliche Praxis, Bd. 22). Münster 2016.
Kohlstruck, Michael/Rolfes, Manfred/Schubarth, Wilfried: „‚Tolerantes Brandenburg' – Herausforderungen einer institutionalisierten Rechtsextremismusprävention auf Landesebene". In: Schubarth, Wilfried (Hg.): *Nachhaltige Prävention von Kriminalität, Gewalt und Rechtsextremismus. Beiträge aus Wissenschaft und Praxis.* Potsdam 2014, S. 229–246.
Kreis, Christian: *Community Policing in Switzerlands Major Urban Areas.* Lausanne: Universität Lausanne 2012. https://serval.unil.ch/resource/serval:BIB_9E0E60EEFFA1.P001/REF, 03.11.2016.
Lippert, Randy K./Walby, Kevin (Hg.): *Policing Cities: Urban Securization and Regulation in an Twenty-First Century World.* London/New York 2013.
Luhmann, Niklas: *Soziologie des Risikos.* Berlin/New York 2003 [1991].
Mayer, Margit: „Urbane soziale Bewegungen in der neoliberalisierenden Stadt". In: *sub\urban. Zeitschrift für kritische Stadtforschung,* H. 1/2013, S. 155–168.
Mullis, Daniel: „Die Stadt im Neoliberalismus. Von der Produktion einer Ideologie zur Perspektive dagegen". In: Holm, Andrej/Lederer, Klaus/Naumann, Matthias (Hg.): *Linke Metropolenpolitik. Erfahrungen und Perspektiven am Beispiel Berlin.* Münster 2011, S. 14–33.
Rolfes, Manfred: *Kriminalität, Sicherheit und Raum. Humangeographische Perspektiven der Sicherheits- und Kriminalitätsforschung.* Stuttgart 2015.
Renn, Ortwin: *Risk Governance. Coping with Uncertainty in a Complex World.* London 2008.
Schreiber, Verena: „Kommunale Kriminalprävention: Zwischen Mythos, Fürsorge und neoliberaler Steuerung". *Forum Kriminalprävention,* 2011 (4), S. 38–44.
Siebel, Walter/Wehrheim, Jan: „Öffentlichkeit und Privatheit in der überwachten Stadt". In: *disP – The Planning Review,* 39: 153, 2003, S. 6.
Schlör, Joachim: *Nachts in der großen Stadt: Paris, Berlin, London 1840–1930.* München 1994.
Simmel, Georg: *Die Großstädte und das Geistesleben.* Frankfurt a. M. 2006 [1903].
Stadt Zürich: „Polizeiarbeit in Ihrem Quartier oder ‚Community Policing'". https://www.stadt-zuerich.ch/pd/de/index/stadtpolizei_zuerich/praevention/Sicherheitstipps.html, 03.11.2016.
Stadt Zürich: Risiko- und Versicherungsreglement der Stadt Zürich (RVR), Stadtratsbeschluss vom 13. April 2011 (435) mit Änderung vom 10. Juni 2015 (511). https://www.stadt-zuerich.ch/portal/de/index/politik_u_recht/amtliche_sammlung/inhaltsverzeichnis/1/172/172_160/160-risiko--und-versicherungsreglement-der-stadt-zuerich--rvr--s.html, 27.10.2016.
Trojanow, Illja/Zeh, Juli: *Angriff auf die Freiheit. Sicherheitswahn, Überwachungsstaat und der Abbau bürgerlicher Rechte.* München 2009.
Verein antidot: „Über uns". http://www.antidotincl.ch/ueber-uns/ueber-uns, 08.11.2016.
Vorderstraße, Stefan: *Zeit und Politikberatung, Eine systemtheoretische Analyse.* Wiesbaden 2014.
Wehrheim, Jan: *Der Fremde und die Ordnung der Räume.* Opladen/Farmington Hills 2009.

Anmerkungen

1 Die Unterscheidung zwischen Risiko, Gefahr und Sicherheit müsste aus einer systemtheoretischen Perspektive deutlich differenzierter ausfallen. Um die Lesbarkeit zu erleichtern, wird darauf an dieser Stelle verzichtet und auf die Ausführungen bei Luhmann (2003: 23ff.) verwiesen.

Stadt, Migration und Vielheit

Vom hegemonialen Diskurs zur Alltagspraxis

Erol Yildiz

Migration, Stadt und Diversität zusammenzudenken und dabei nicht nur zum Gegenstand, sondern zum Ausgangspunkt der Betrachtung zu machen, erfordert ein neues Herangehen, einen „kontrapunktischen Blick" im Sinne Edward Saids[1]. Es bedeutet, Altbekanntes gegen den Strich zu lesen, den hegemonialen Migrationsdiskurs aus der Perspektive und Erfahrung von Migration neu zu denken, den Fokus auf marginalisierte Wissensarten, auf nicht erzählte Geschichten, auf Verschränkungen und Übergänge zu richten, wodurch andere Ideen und Wirklichkeitskonstruktionen sichtbar werden.

Migration und Vielheit, unverzichtbare Voraussetzungen urbanen Lebens und urbaner Kommunikation, bilden den Ausgangspunkt meiner Überlegungen. Dabei gilt es auch, die Konsequenzen eines problematischen öffentlichen Diskurses für die Alltagspraxis aufzuzeigen und in Abgrenzung dazu andere Lesarten und Deutungen zu entwerfen, die eine „non-dualistische" Perspektive[2] abseits polarisierender Deutungsmuster ermöglichen.

Dichotomische Unterscheidungen betreffen nicht nur philosophische Fragen und Probleme, sondern sind auch eingelassen in gesellschaftliche Machtverhältnisse. Eine dualistische Trennung zwischen „Einheimischen" und „Fremden" hat von Beginn an auch die Blickrichtung auf Migration bestimmt und eine Normalität erzeugt, die im Migrationsdiskurs bis heute nachwirkt. Um diese Normalität sichtbar zu machen und andere Perspektiven aufzuzeigen, brauchen wir eine nicht-dualisierende Herangehensweise, aus der das Verhältnis zwischen Migration, Stadt und Diversität neu bestimmt wird. „Stadt ist Migration, Stadt ist Vielfalt" sind Grundgedanken, die ich später an einem Fallbeispiel in Innsbruck nachvollziehbar machen werde.

Migration oder Mobilität: eine Frage der Perspektive?

Die Art der Fragestellung spielt für unsere Beobachtungen und Analysen stets eine wesentliche Rolle. Mit ihr legen wir fest, was wir sehen – und was wir übersehen. Denn Sehen und Wahrnehmen sind keine passiven, sondern aktive Handlungen. Man kann Migration aus der Perspektive der Sesshaftigkeit als eine gesellschaftliche Randerscheinung, als ein notwendiges Übel betrachten oder im Gegensatz dazu als einen integralen Bestandteil urbaner Entwicklungen, womit Stadtgeschichten als Migrationsgeschichten in den Fokus rücken.

Zwar wird Mobilität allseits als Erfordernis unserer globalisierten Welt beschworen, transnationaler Migration bzw. Zuwanderung aber weiterhin mit Argwohn und Ablehnung begegnet. Nahezu unreflektiert erstreckt sich dieser Blick auch auf Stadtviertel oder Straßenzüge, die sichtbar von Migration geprägt sind, in denen inzwischen die Nachkommen von Zuwanderern bereits in der dritten Generation leben und arbeiten. Schnell werden solche Quartiere als Problemviertel abgetan, geraten langfristig in Verruf. Das führt schließlich dazu, dass die Bedeutung von Migration für die Städte aus dem Blick gerät und die Potenziale, die solche Stadtviertel für urbanes Leben bieten, übersehen werden.

Genauer betrachtet zeigt sich also im öffentlichen Migrationsdiskurs eine selbstverständlich praktizierte Doppelmoral: Bei der „einheimischen" Bevölkerung werden Phänomene von Mobilität, Individualisierung und Diversität als Zeichen globaler Orientierung gelobt, bei „mehrheimischen" Bevölkerungsgruppen aber, die ja zu der eigentlich mobilen Bevölkerung gehören, eher als Nachteil gewertet und mit Argwohn betrachtet. Mehrfachzugehörigkeiten und flexible Lebensentwürfe im Zeichen weltweiter Öffnungsprozesse werden bei Einheimischen zur Selbstverständlichkeit, zur Normalität, bei Anderen jedoch zum Problem erklärt. Es lässt sich, mit anderen Worten, kaum übersehen, dass im öffentlichen Diskurs zwischen Migration und Mobilität eine kategorische Trennung vorgenommen wird. Der Begriff Migration wird weitgehend dazu benutzt, die Bewegung von Menschen zu bewerten und ihnen bestimmte Rollen zuzuweisen. Wer als Europäer auf der Suche nach einem Job umzieht, gilt als mobil, wer aus einem sogenannten Drittland kommt, gilt als Migrant. Aber auch die grenzüberschreitende Mobilität der Roma oder anderer Gruppen wird bekanntlich nicht unter den positiven Werten europäischer Freizügigkeit verbucht.

Aus dieser wertenden Trennung haben sich zwei unterschiedliche Diskurse entwickelt, die sich konkret auf den Alltag auswirken (können), eine Hierarchisierung von Mobilität bzw. ungleicher Mobilität. Analog dazu begegnen wir einer hierarchischen Auffassung von Diversität, die auf paradoxe Vorstellungen von Vielfalt verweist. Während bestimmte Formen von Diversität als vorteilhaft und wünschenswert gelten, werden andere als problematisch wahrgenommen und je nach Kontext kriminalisiert. Migrationsbezogene Phänomene erscheinen dann als Abweichung von der Normalität.

Für mehrsprachig aufgewachsene Kinder und Jugendliche gehört es beispielsweise zum Alltag, zwischen den Sprachen hin- und herzuwechseln. Obwohl so ein *code switching* und andere hybride Sprachentwicklungen in Migrationsgesellschaften ganz normal sind, wird hier mit zweierlei Maß gemessen. Während eine Mischsprache aus Englisch oder Französisch und Deutsch durchaus akzeptiert wird, ist von „doppelter Halbsprachigkeit" und anderen Defiziten die Rede, sobald sich etwa Türkisch, Serbisch oder Arabisch in die deutsche Sprache mischen. In diesem Kontext sprechen Karin Cudak und Wolf-Dietrich Bukow zu Recht von Mobilitäts- und Diversitätsregimen, die sich immer noch am nationalen Hegemoniediskurs und damit an strengen Vorstellungen von Sesshaftigkeit orientieren (vgl. Cudak/Bukow 2016: 8).

Dogma der Sesshaftigkeit

Eine pessimistische und skandalisierende Sicht auf Migration scheint gerade in Verbindung mit aktuellen Flüchtlingsdebatten wieder im Trend zu liegen. Ob es um Zuwanderung, Großstadtleben und Mehrsprachigkeit oder um die Situation der zweiten und dritten Generation in Bildung und Beruf geht, oft genug wird das Ghetto-Thema bemüht, ist pauschal von Integrationsverweigerung und Abschottungstendenzen die Rede, wird vor Parallelgesellschaften gewarnt oder das urbane Zusammenleben gleich für gescheitert erklärt.

Die Ursachen sind schnell ausgemacht: fremde Herkunft, fremde Abstammung, fremde Religion. Solche Diskurse erzeugen dabei ihre eigene Normalität. Sie dienen dann als Ausgangspunkt für Integrationsforderungen und Maßnahmen, mit denen kulturelle Distanz abgebaut und der heimischen Normalität angepasst werden soll.

Die übliche Rede von der Zerrissenheit zwischen zwei Kulturen, vom Sitzen zwischen zwei Stühlen attestiert weiten Teilen der Bevölkerung eine kulturelle Schizophrenie, die es zu überwinden gilt. Die konventionelle Migrationsforschung im deutschsprachigen Raum, die sich von einer Art Dogma der Sesshaftigkeit leiten ließ, hat wesentlich zur Reproduktion eines ethnisch-nationalen Differenzdenkens beigetragen. Begriffe wie Herkunft, Ethnizität oder Integration wurden zu zentralen Kategorien des Migrationsdiskurses, prägten seine inhaltliche Ausrichtung und haben sich schließlich zu beharrlichen Alltagsmythen verdichtet.

Ethnische Differenzen rücken dabei als gesellschaftliche Kategorien in den Fokus und werden als ontologische Dualismen gedeutet (vgl. Schmidt 2013: 46)[3], die Eigenes und Fremdes, Nähe und Distanz definieren und Unterschiede naturalisieren. Es entsteht eine Art kategoriale Exklusivität (vgl. Neckel/Sutterlüty 2008: 20). Diese hat realitätserzeugende Effekte, kanalisiert die öffentliche Wahrnehmung und wirkt dadurch in die Gesellschaft zurück. Komplexe Lebenswirklichkeiten und Alltagspraxen bleiben unsichtbar, wenn der Blick geradezu reflexartig auf Ethnizität bzw. ethnisch-kulturelle Differenzen verengt wird.

In einer Studie des Berlin-Instituts für Bevölkerung und Entwicklung mit dem Titel „Ungenutzte Potentiale. Zur Lage der Integration in Deutschland" (2009), in der wie so oft die vermeintlich integrationsunwilligen Gruppen türkischer Herkunft im Fokus stehen, kommt diese Haltung exemplarisch zum Ausdruck. Obwohl der Titel „Ungenutzte Potentiale" zunächst positive Assoziationen weckt, sieht man sich bei der Lektüre mit den gängigen Bildern konfrontiert. Im folgenden Wortlaut werden die Befunde der Studie gleich auf den ersten Seiten zusammengefasst:

„Zwar sind die meisten schon lange im Land, aber ihre Herkunft, oft aus wenig entwickelten Gebieten im Osten der Türkei, wirkt sich bis heute aus. [...] Ein Nachteil dieser Gruppe ist ihre Größe: Weil es vor allem in Städten so viele sind, fällt es ihnen leicht, unter sich zu bleiben. [...] Parallelgesellschaften, die einer Angleichung der Lebensverhältnisse im Wege stehen, sind die Folge" (ebd.: 7).

Ebenso interessant wie paradox ist, dass das gleiche Institut etwa fünf Jahre später in einer weiteren Studie mit der gleichen Fragestellung zu völlig anderen Ergebnissen kommt, wobei die dualisierende Perspektive zwischen Einheimischen und Migranten beibehalten wird. Unter dem Titel „Neue Potentiale. Zur Lage der Integration in Deutschland" (2014) werden die Erkenntnisse dieser Studie einleitend so zusammengefasst: „Migranten sind im Durchschnitt jünger als Einheimische, sie gleichen sich aber in vielen Lebensbereichen den Einheimischen an: Auch sie werden im Laufe der Zeit als Gruppe älter, bekommen weniger Kinder, heiraten seltener und trennen sich häufiger. Sie leben vor allem in den Stadtstaaten und wirtschaftlich starken Regionen" (ebd.: 6).

Trotz dieser Angleichung in einigen Punkten würden die alten Probleme der Integration weitgehend ungelöst bleiben, so die Autoren der Studie (vgl. ebd.: 5). Anschließend beschreiben sie die wichtigsten Schritte für eine gelungene Integration in gewohnter Manier (vgl. ebd.: 7).

Ähnliche Diagnosen wurden und werden auch in Österreich erstellt. „Die Türken-Probleme" betitelte im Mai 2014 die österreichische Tageszeitung *Die Presse* einen Beitrag, in dem die Autoren die „Schattenseiten der türkischen Zuwanderung" beschreiben (vgl. *Die Presse*, 11. Mai 2014). Darin verdichten sich Begriffe von Identität, Salafismus, Zwangsheirat und Kriminalität zu einem unlösbaren Integrationshindernis. Soziale Probleme, Bildungschancen und Diskriminierung werden unter kulturellen und ethnischen Vorzeichen diskutiert. Kaum einer käme wahrscheinlich auf die Idee, einen Zeitungsartikel über Einheimische mit einem ähnlichen Titel zu versehen. Hier zeigt sich eine kulturelle Hegemonie, die die österreichische Familie als Norm setzt und die türkische Familie als Sonderfall erscheinen lässt. In der einheimischen Schule gilt der türkische Schüler dann als Abweichung von der Regel.

Dass sich ethnisches Rezeptwissen normalisiert hat, sieht man an den in Alltag und Medien weit verbreiteten Herkunftsdialogen: Einheimische treten Migranten als selbsternannte Experten in Identitätsfragen gegenüber, forschen auch bei der x-ten Generation weiter nach dem sogenannten Migrationshintergrund, den „eigentlichen Wurzeln", als wollten sie der eigentlichen Nichtzugehörigkeit der Betreffenden auf die Spur kommen. In enger Verbindung mit dem Integrationsdiskurs hat sich im Laufe der Zeit so eine Art „Wurzeldiskurs" etabliert. Die fremden Wurzeln von Menschen, die in Großstädten wie Berlin, Köln oder Wien geboren und aufgewachsen sind, erfreuen sich eines anhaltenden Interesses, auch in scheinbar positiver Konnotation, wenn es etwa heißt: „Dass türkische Schüler so viel schlechter da stehen als andere, liegt nicht per se an den Wurzeln" (*Die Presse* 2014). Oder wenn eine Lehrerin im Gespräch die Einsicht äußert: „Sie sind ja wie wir". Der Subtext *wir und die* klingt dabei unwillkürlich mit.[4]

Diese dualisierende Haltung versperrt den Blick auf die gesellschaftsverändernde Kraft von Migrationsbewegungen, auf die alltäglichen Praktiken und deren innovatives Potenzial im urbanen Kontext. Übersehen wird auf diese Weise, dass Städte immer schon durch die „gleichzeitige Existenz von Differentem und Nebeneinander von Vielfalt" zu charakterisieren waren, wie Thomas Krämer-Badoni (2002: 59) es ausdrückt.

Man kann das Ganze auch ironisch sehen. Der Schweizer Künstler Ursus Wehrli versucht mit der Frage, was passieren würde, wenn man in der Kunst anfinge aufzuräumen, das zwanghafte Sortierungs- und Ordnungsdenken ad absurdum zu führen. Alle Elemente eines Bildes werden von ihm fein säuberlich voneinander getrennt und nach Größe, Form und Farbe nebeneinander aufgereiht. Wenn berühmte Kunstwerke auf diese Weise „aufgeräumt" werden, entstehen plötzlich sonderbare Anordnungen. Das ethnische

Ordnungsdenken scheint bei genauerer Betrachtung ebenso sonderbar, bedeutet es doch, dass historische Entwicklung, Vielschichtigkeit und weltweite Öffnungsprozesse systematisch ignoriert werden.

Ein kontrapunktischer Blick

Um solche Klassifikationen nach Herkunft in negativer oder positiver Form zu irritieren, plädiere ich in Anlehnung an Edward Said für eine kontrapunktische Perspektive auf gesellschaftliche Dominanzverhältnisse. Dies bedeutet einen radikalen Bruch mit der hegemonialen Wissensproduktion, eine Art widerständige Praxis. Die Aufmerksamkeit richtet sich dann auf Verschränkungen, Überschneidungen und Übergänge, welche die Unsinnigkeit solcher sortierenden Denkweisen aufzeigen. Durch ihre irritierende Wirkung schafft diese Sicht der Dinge auch eine kritische Auseinandersetzung mit gesellschaftlichen Machtverhältnissen.

Konkret hieße das auch, was bisher für problematisch erklärt wurde, einmal in seiner positiven Relevanz als Alltagsnormalität zu betrachten. Etwa das Bild von der *Zerrissenheit zwischen zwei Welten* oder *Kulturen*, das seit der frühen Migrationsforschung tradiert wurde: Kontrapunktisch betrachtet erweist sich dieses Dazwischen als eine soziale Praxis, die mit urbanen Bildungsprozessen einhergeht, als eine urbane Bildung, als Kompetenz.

Durch Migration und Diversität geprägte Lebenswirklichkeiten gleichen dem, was Edward Said (1990) „atonales Ensemble" nannte. Das urbane Leben kann am besten charakterisiert werden durch radikale Mobilität und Vielheit, Mehrdeutigkeit, Ambivalenz und Widersprüche.

Menschen sind in der globalisierten Welt grundsätzlich mobil, Bewegung wird aus unterschiedlichsten Motiven zum Lebensentwurf, ob für eine gewisse Zeit oder dauerhaft. In der Gegenwart erfahren Phänomene wie Sesshaftigkeit und Mobilität einen Wandel. Durch *mobile Sesshaftigkeit* oder *sesshafte Mobilität* entstehen globalisierte Räume, die uns vor Ort neue Perspektiven und Möglichkeitsräume eröffnen. Jede dritte Lebensgeschichte in Großstädten ist mittlerweile eine von Migration geprägte. Lokale Geschichten sind heutzutage immer eingebettet in weltweite Zusammenhänge. Infolge geografischer Mobilität haben fast alle Menschen Verwandte oder Bekannte in verschiedenen Ländern, ihre Biografien weisen weltweite Bezüge auf. Es ist eine Art alltäglicher Kosmopolitismus. Auf diese Weise entstehen unterschiedlich gelagerte persönliche Soziosphären in der globalisierten Welt: „Menschen bewohnen soziale Sphären, die nebeneinander bestehen und sich räumlich überschneiden, aber grundlegend verschiedene Horizonte und Zeit-Spannen besitzen" (Albrow 1997: 303).

Die japanische Künstlerin Morgan O'Hara hat diesbezüglich eine interessante Kartografie entwickelt. Grundlage ihrer Arbeit sind Stadtplan, Land- und Weltkarte, die sie übereinanderlegt und auf denen sie die geografischen Punkte von Ortsveränderungen markiert. Das so entstandene Geflecht lässt individuelle Landkarten entstehen, inklusive der eigenen Grenzen. Sie nennt die von ihr entworfenen Zeichnungen „Bewegungsprotokolle". Daraus entwickelt sie ein individuelles Bild. Wenn die kognitiven Bewegungsprotokolle hinzugefügt würden, entständen noch viel komplexere Karten. O'Haras Porträts verdeutlichen, inwieweit in unserer Zeit räumliche Mobilität die Biografien bestimmt bzw. in Bewegung setzt.

Stadt ist Migration – die Stadt der Vielen

Gerade grenzüberschreitende Migrationsbewegungen, die die Großstädte im Zuge der Industrialisierung von Anbeginn an prägten, haben wesentlich zur Stadtentwicklung und Urbanität und damit zur Kosmopolitisierung unseres Alltags beigetragen. Im Grunde sind Stadtentwicklung und Urbanität ohne die geografische Mobilität von Menschen kaum vorstellbar (vgl. Yildiz 2013; Bukow 2010; Yildiz/Mattausch 2009).

Mobilitätserfahrungen und die damit verbundene Diversität haben das urbane Leben seit jeher geprägt. Die Vorstellung, Städte seien eigentlich homogen und Zuwanderung würde diese Homogenität zerstören, ist ein Mythos. Historisch gesehen ist es umgekehrt: Nicht Sesshaftigkeit ist der Normalfall, sondern Migration, wie das folgende Zitat über Wien es exemplarisch auf den Punkt bringt: „Wien ist also de facto seit Jahrhunderten eine der kosmopolitischsten Städte Europas. Man könnte sogar sagen: Migration prägt hier nicht die Stadt. Migration ist die Stadt" (Kron 2014: 1).

Mit der Entstehung von Nationalstaaten wurde der Versuch unternommen, ein homogenes Bild zu vermitteln, eine homogene Deutung zu etablieren. Gerade Großstädte wie Paris, Berlin, Wien oder Köln sind aber Beispiele dafür, wie Migration auch im 20. Jahrhundert das städtische Leben geprägt und eine Vielheit hervorgebracht hat, ohne die diese Städte heute kaum vorstellbar wären. Besonders in einzelnen Stadtteilen haben Migrationsbewegungen ihre Spuren hinterlassen und wesentlich zur Kosmopolitisierung, Pluralisierung und Diversifizierung und damit zur Lebensqualität vor Ort beigetragen. Große Entwicklungsschritte in Stadtgeschichten gingen immer mit dem Zuzug von Menschen einher, die neue Ideen, Sichtweisen, Impulse und vielfältige Kompetenzen mitbrachten. Die anlässlich einer Sonderausstellung des Historischen Museums zur Geschichte und Gegenwart der Zuwanderung nach Wien (1996) veröffentlichten Beiträge belegen aus unterschiedlichen Perspektiven, welche Rolle Migrationsbewegungen für die Urbanisierung und Diversifizierung der Stadt gespielt haben. So wird einleitend festgestellt: „Gerade das typisch Wienerische hat viel mit der Randlage und Brückenfunktion dieser Stadt zu tun, mit den vielen Migrationsströmen, die ihre tiefen Spuren hinterlassen haben, ja unser Selbstverständnis bis heute prägen – auch wenn wir uns dessen oft nicht bewusst sind [...]. Im Alltagsleben der Wienerinnen und Wiener von heute kommt diese multiethnische Bevölkerungsentwicklung vor allem in der Sprache, Familiennamen, Straßennamen, Bräuchen und in der ‚Wiener Küche' zum lebendigen Ausdruck. In sehr vielen Fällen auch durch den Stammbaum der eigenen Familie" (Museen der Stadt Wien 1996: 5).

In Großstädten wird migrationsbedingte Vielfalt im Stadtbild leicht erkennbar. In kleineren oder mittelgroßen Städten, wie beispielsweise Innsbruck, nimmt man diese oft erst auf den zweiten Blick war. Zur Relevanz von Migration, Globalität und Vielfalt für großstädtische Urbanität existiert folglich eine Fülle von Literatur und Studien. Über kleinere Städte findet man dagegen nur wenig, obwohl sich ihre Situation oftmals nur graduell unterscheidet. Die Stadt Innsbruck in Tirol liefert dafür ein anschauliches Beispiel: Zum einen ist Innsbruck historisch durch die grenznahe Lage bzw. als „Transitort" durch unterschiedliche kulturelle Außenwirkungen geprägt. Davon hat die Stadt schon immer profitiert. Zweitens spielten Migrationsbewegungen für die Entstehung, Modernisierung und Urbanisierung der Stadt eine wesentliche Rolle. In den 1960er und 70er Jahren wurden Gastarbeiter angeworben, um den Arbeitskräftebedarf in zahlreichen Industriebetrieben zu decken. Während des Jugoslawienkriegs Anfang der 1990er Jahre kamen zahlreiche Kriegsflüchtlinge nach Innsbruck. Auch heute ist die Präsenz von Arbeitsmigranten, ihrer Nachfolgegenerationen und anderer Zuwanderergruppen allgegenwärtig und prägt das kulturelle Leben, die urbane Kommunikation und die ökonomische Struktur der Stadt. Das heutige Gesicht von Innsbruck war und ist ohne geografische Mobilität von Menschen nicht denkbar.

Öffentliche Ausstellungen unter dem Motto „Vielfalt daheim in Tirol" (2010/2011), „Hall in Bewegung" (2014) und die Zeitschrift *Tiroler Chronist* (2014) haben eindrucksvoll belegt, dass sich Migration als ein wesentlicher Bestandteil Tiroler und Innsbrucker Geschichte darstellt und (migrationsbedingte) Vielheit eine gelebte Normalität ist.

Diese findet auch in den Lebensläufen ihren Ausdruck. Biografien und kulturelle Entwicklungen in Innsbruck verweisen auf Kompetenzen und Verflechtungen sprachlicher und interkultureller Art, die gerade für Grenzregionen spezifisch sind. Grenzüberschreitende Lebensentwürfe sind Beispiele dafür, dass Zugehörigkeiten in der heutigen Zeit einem ständigen Wandel unterworfen, beweglicher und gleichzeitig unsicherer geworden sind. Immer weniger Menschen verbringen ihr Leben an ein und demselben Ort, viele haben ihren Wohnsitz mehrmals gewechselt, Ländergrenzen passiert. Geografische und kognitive Bewegung gehen Hand in Hand. Dies alles gehört zum Alltag und wird erst auf den zweiten Blick deutlich: wenn Lebensläufe erzählt, visualisiert und reflektiert werden. Darüber hinaus erweist sich vieles, was heute als national oder homogen wahrgenommen wird, als ein Ergebnis von Vermischung, als Teil verflochtener Geschichten.

Eine Ausstellung des Volkskunstmuseums in Innsbruck stand 2016 unter dem Motto „Alles fremd – alles Tirol". Kulturelle Phänomene, die bisher als typisch „eigen" oder „tirolerisch" galten, wurden als Ergebnis unterschiedlicher kultureller Einflüsse erkennbar gemacht: „Ob durch Handwerk, Handel oder Reisen: der Kontakt mit anderen Ländern prägt und verändert Menschen und ihre Kultur. Wissen wird angeeignet, Techniken übernommen, Äußeres nachgeahmt oder in die eigene Kultur übersetzt. Selbst regional verankerte, ortstypische Kultur hat deshalb eine überregionale, ja globale Dimension", heißt es im Ausstellungskatalog (Meighörner 2016: 4).

Durchlässig gewordene Grenzen in Tirol und Innsbruck haben in den letzten Jahrzehnten zu neuen Wanderungen und Verbindungen geführt. Ein positiver Blick auf dieses Potenzial macht Ressourcen sichtbar, die die Hauptstadt Tirols durch ihre Lage und die wechselhaften Biografien ihrer Bevölkerung zu bieten hat, und die oft genug übersehen werden. Im künstlerischen Schaffen, in kulinarischer Vielfalt oder bei Musik- und Kulturveranstaltungen, in interkulturellen Initiativen und Organisationen finden viele Aspekte von historisch gewachsener Diversität und Spezifik der Stadt bereits ihren Ausdruck.

Solche Entwicklungen zeigen, dass urbane Prozesse permanent und prinzipiell auch jenseits nationaler Mythen verlaufen, indem sie transnationale, translokale und transkulturelle Verschränkungen aufweisen. Werfen wir im Folgenden einen Blick auf ein historisch gewachsenes Innsbrucker Stadtviertel.

St. Nikolaus – ein weltoffenes Quartier

Der Innsbrucker Stadtteil St. Nikolaus, ehemaliges Arbeiterviertel, ist ein Beispiel dafür, wie Migrationsbewegungen das Leben und das Erscheinungsbild städtischer Nachbarschaften prägen und positiv verändern können.

Das nördlich des Inn gelegene St. Nikolaus, das älteste Stadtviertel von Innsbruck, entstand bereits 1165 und ist damit älter als die touristisch bekannte Innsbrucker Altstadt auf der südlichen Seite des Flusses. Nach und nach ließen sich in St. Nikolaus ärmere Bevölkerungsgruppen und zunehmend Handwerker oder Gewerbetreibende nieder. Auch Gewerke, die wegen Lärm- oder Geruchbelästigung weniger gut angesehen waren, wurden dorthin verlegt. Zum Ende des 15. Jahrhunderts wurde die heute noch als Hauptverkehrsader durch St. Nikolaus führende Innstraße errichtet. Bei starkem Niederschlag traten bis ins 19. Jahrhundert die Abwasserleitungen der Häuser und nahe gelegenen Anwesen über und verwandelten das Quartier in eine stinkende, schmutzige Lacke (vgl. Mairoser 2001). Diesen Umständen entstammt die alte volkstümliche Benennung im Ur-Innsbrucker Dialekt als „Koatlackn".

St. Nikolaus hatte als früherer Industriestandort und (ehemaliges) Arbeiterviertel stets einen schlechten Ruf, der lange Zeit, wenn auch weniger offen, weiter tradiert wurde. Dass die Bevölkerungsstruktur und das Erscheinungsbild des Stadtteils von Heterogenität und Diversität geprägt sind, geht zum Teil auf die ehemals günstigen Mietpreise für Gewerbeflächen und Wohnraum zurück. In den 1960er und 70er Jahren erlebte St. Nikolaus einen sozialen Wandel durch den Zuzug von Gastarbeitern, die hauptsächlich aus dem ehemaligen Jugoslawien und der Türkei kamen (vgl. Kumar 2012). Sie bezogen leer stehenden Wohnraum, ließen sich schrittweise im Stadtteil nieder und arbeiteten zunächst in den Industriebetrieben vor Ort. Im Zuge der Deindustrialisierung verloren später viele ihre Arbeit und versuchten sich daraufhin durch Selbstständigkeit über Wasser zu halten. Quartiernahe Geschäfte dienten zunächst zur Existenzsicherung der Familien, trugen dabei jedoch auch zur Wiederbelebung des Stadtteils bei.

Heute liegt St. Nikolaus im Trend, gilt als „hippes In(n)-Viertel" und findet immer mehr mediale Aufmerksamkeit. Kreative Jungunternehmer treffen auf traditionsreiche Betriebe und Vereine, Menschen verschiedenster Herkunft, Milieus und Altersklassen mischen sich in der Wohnbevölkerung. Das besondere Flair des Stadtviertels offenbart sich in seiner baulichen Substanz aus dem Mittelalter, den pastellfarbenen Häuserfronten, den Grünflächen des Waltherparks und den individuellen Geschäften und Restaurants, welche dem Stadtteil einen internationalen Charme verleihen (vgl. Erler 2013).

Die im Stadtvergleich bisher geringeren Mietpreise für Wohn- und Ladenflächen, resultierend aus der schwachen Touristenfrequenz, wenig Laufkundschaft und dem früheren Image eines heruntergekommenen, unsanierten Viertels, ermöglichten es Zuwanderern, ehemaligen Gastarbeitern und jungen Menschen lange Zeit, sich in St. Nikolaus niederzulassen und ihre Geschäftsideen umzusetzen.

2014 habe ich mit Studierenden versucht, die Geschichte des Stadtteils und das Leben vor Ort aus Dokumenten und Erzählungen der ansässigen Bevölkerung und Geschäftsleute zu erkunden. Uns interessierte, wie diese das Leben im Stadtteil wahrnehmen und beschreiben, welche Rolle dabei das durch Diversität geprägte Erscheinungsbild spielt und wie sie es beurteilen. Unsere Recherchen bestätigten den Eindruck, dass der Stadtteil eine historisch geprägte Heterogenität aufweist, dass diese Vielheit das Alltagsleben charakterisiert und von den Anwohnern geschätzt wird.

Die Geschichte migrantischer Ökonomien in St. Nikolaus ähnelt der in vielen anderen Großstädten. Unter schwierigen Lebensbedingungen wurde von Arbeitsmigranten, die sich seit den 1960er Jahren oft in weniger angesehen Stadtteilen angesiedelt hatten und später infolge der Deindustrialisierung besonders häufig von Arbeitslosigkeit betroffen waren, eine Kultur der Selbständigkeit entwickelt. Aufgrund ihrer Marginalisierung auf dem formellen Arbeitsmarkt sahen sie sich gezwungen, alternative Strategien zu entwickeln, soziale und transnationale Netzwerke und Ressourcen zu mobilisieren. Mit kleinen Unternehmen in den Bereichen Gastronomie, Dienstleistung und Einzelhandel belebten und stabilisierten sie wiederum die Infrastruktur ihres Stadtteils, in dem die Folgen von Deindustrialisierung und Arbeitslosigkeit besonders spürbar geworden waren. In Innsbruck ebenso wie in anderen Städten ist dies ein nicht zu unterschätzender Beitrag zum städtischen Leben, auch wenn er in offiziellen Bilanzen selten auftaucht.

Heute bietet St. Nikolaus ein attraktives Bild, ist zum trendigen Stadtteil avanciert, der zunehmend auch für Touristen interessant wird. Neben alteingesessenen Betrieben wie der traditionsreichen Seifenfabrik Walde finden sich türkische, italienische und indische Lokale, Imbissläden und Cafés. Junge Leute haben den Stadtteil für sich entdeckt und neue Ideen eingebracht. Ein Viertel im Wandel. Seit 2012 engagiert sich die Kommunalpolitik in Kooperation mit ansässigen Vereinen mit einem weitreichenden Konzept der Stadtteilentwicklung, für das der alte, fast in Vergessenheit geratene Name „Anpruggen" (für die an der Innbrücke gelegenen Straßenzüge) als Marke wiederbelebt wurde. Aber auch kritische Stimmen, die auf Tendenzen von Gentrifizierung oder „Yuppisierung" und soziale Verdrängung verweisen, blieben nicht aus (vgl. Kumar 2012, Schlocker 2017).

Wie der Stadtteil selbst sind auch die Lebensentwürfe der Bewohner in Bewegung. An zwei biografischen Beispielen werden grenzüberschreitende Verbindungen und Einflüsse in lokalen Strukturen und persönlicher Lebensgestaltung sichtbar:

Indira wurde 1978 in Indien geboren, ist Mutter zweier Kinder, Tochter eines Restaurantbesitzers und hat seit ihrem zweiten Lebensjahr überwiegend in St. Nikolaus gelebt, zeitweilig aber auch in Indien, New York und Kalifornien. Ihr Vater absolvierte in Salzburg eine universitäre Ausbildung und sammelte dort erste berufliche Erfahrungen in der Gastronomiebranche. 1980 eröffnete er in der Innstraße in St. Nikolaus sein indisches Restaurant, das noch heute am selben Standort als Familienbetrieb existiert. Indiras Biografie und ihre Familiengeschichte weisen neben ihrem Bezug zu St. Nikolaus vielfältige Mobilitätsprozesse auf.

Christina, 1981 in Tirol geboren, verbrachte ihre Kindheit und frühe Jugend bei den Großeltern auf dem Land und zog schließlich zu ihren Eltern nach Innsbruck. Ihre biografischen Stationen umfassen neben Innsbruck auch zeitweilige Wohnorte in Zentralamerika, Spanien und Italien. Von 2010 bis 2016 betrieb sie in St. Nikolaus ein kleines „Modecafé", das die Bereiche Mode, Essen und Trinken miteinander verband[5] und dessen originelle Idee auf einem Konzept von Nachhaltigkeit basierte. Heute befindet sich in den Räumen eine italienische Pizzeria, die von türkischen Migranten betrieben wird.

Die Entwicklung vom Arbeiterviertel zum trendigen Viertel verleiht den Straßenzügen nördlich des Inn inzwischen einen besonderen Charme, ein urbanes Flair mit Dorfcharakter, wie die beiden Gesprächspartnerinnen immer wieder betonen. Sie identifizieren sich mit ihrer Nachbarschaft und fühlen sich dort wohl: „Ich kenne nichts anderes, für mich ist St. Nikolaus mein Zuhause. Es ist egal, wo ich bin auf der Welt, ich komme immer wieder gern zurück zu St. Nikolaus, weil das mein Zuhause ist" (Indira).

Die Vielfalt von Infrastruktur und Bevölkerung wird von den Anwohnern sehr geschätzt: „Wir sind ein bunter Haufen, also ich würde sagen, wir sind der Multi-Kulti-Stadtteil […]" (Christina). „[…] die sind multi-kulti, aus verschiedenen Teilen der Welt zusammengewürfelt und sie schaffen es, in Frieden zusammenzuleben und zu genießen, das ist wichtig" (Indira).

Auch im Umgang mit kulinarischen Einflüssen finden sich keine Grenzen, so gehört es zur Normalität, die Vielfalt der Angebote vor Ort zu nutzen und in den Alltag zu integrieren: „Ich esse einmal türkisch, einmal griechisch, einmal etwas anderes – für mich ist das normal" (Indira).

Daneben findet auch sexuelle Diversität Anerkennung, ohne durch eine Assoziation mit einer bestimmten Kultur begrenzt zu werden: „Wir haben ja auch die schwule Kultur vertreten und das steht in überhaupt keinem Widerspruch zur muslimischen Kultur hier […]. Es gibt hier auch einen türkisch-stämmigen Homosexuellen in der Straße, der ein Geschäft hat, es gibt einen anderen Türken, der einen Homosexuellen beschäftigt, also da ist vielleicht schon ein bisschen mehr Offenheit, also nicht nur die ewig gepredigte, sondern die tatsächliche" (Christina).

Die interviewten Personen distanzieren sich deutlich von ethnisch-nationalen Zuordnungen: „Wir haben immer solche gesellschaftlichen Limits: du Türke, du Pakistani, du Afghane […] und da muss ich sagen: Hallo!

Das sind Menschen, Menschen helfen Menschen [...]. Es gibt keine Bezeichnung wie Österreicher mit Migrationshintergrund, solche Bezeichnungen, die eigentlich ein Scherz sind, gibt es hier nicht" (Indira).

Die urbane Diversität wirkt sich auch auf die Sozialisationsprozesse von Kindern und Jugendlichen im Stadtteil aus. Sie wachsen mit unterschiedlichen Sprachen, Religionen, Lebensstilen auf: „Also, als ich klein war, habe ich mit verschiedenen Kindern gespielt, bin mit verschiedenen Sprachen aufgewachsen, mit verschiedenen Küchen, das ist der normale Standard gewesen bei uns, so sind wir aufgewachsen", erzählt Indira.

Mehrfache Zugehörigkeiten und ganz unterschiedlich gelagerte Lebensentwürfe, die über lokale und nationale Grenzen hinausgehen, den Alltag vor Ort mit der Welt verbinden, geben den Biografien im Stadtteil ihr individuelles Gesicht. Auf diese Weise weitet sich der Horizont, werden neue Erfahrungen und Ideen möglich, entstehen neue urbane Räume: kreative Räume, die man als Transtopien bezeichnen kann, in denen unterschiedliche, mehrdeutige und widersprüchliche Einflüsse lokaler und globaler Art sich zu urbanen Strukturen und Kommunikationsformen verdichten, in denen sich ein neues urbanes Selbstverständnis, ein spezifisches Lebensgefühl verwirklicht.[6] Es sind hybride Räume, die durch neue Verortungspraxen und Lebensentwürfe verschiedene Orte miteinander verknüpfen und schrittweise transformieren.

Migration und Diversität als Perspektive

Die bisherigen Ausführungen lassen den Schluss zu, dass urbane Städte überall und dauerhaft von den Erfahrungen und Wirkungen des Kommens, Gehens und Bleibens geprägt sind. „Die Bewegung ist eben nicht etwa eine Abweichung von der Sesshaftigkeit, sondern Normalzustand und gleichzeitig notwendige Voraussetzung von Subjektivität" (Terkessidis 2015: 96).

Diese Einsicht lässt konventionelle Migrationsforschung oft vermissen. Hier wird der Fokus gewöhnlich auf spezifische Bevölkerungsgruppen (*Migranten*) gerichtet und damit eine künstliche Differenz geschaffen, die in Wirklichkeit so nicht existiert. Duales Denken konstruiert erst die Realität, die dann untersucht werden soll.

Migrationsforschung als Gesellschaftsanalyse zu betreiben, bedeutet dagegen, den Blickwinkel zu ändern, den Fokus auf das Leben vor Ort, auf die Niederungen des Alltags zu richten. Im Zentrum steht dann nicht mehr die Frage, wie Migranten und Einheimische zusammen leben bzw. welche Konflikte sie haben, sondern zunächst die Frage, was das Leben in einer Stadt, in einem Stadtteil oder auf einer Straße ausmacht, was dazugehört. Im Mittelpunkt steht das alltägliche urbane Zusammenleben und die Frage, wie man sich in

Stadtteilen, die sich permanent im Wandel befinden, arrangieren kann, wie man Arbeit bekommen und sichern, die Infrastruktur des Quartiers nutzen und mitgestalten, an Bildungsprozessen teilnehmen und Erfolg haben kann.

Daher wäre es an der Zeit, einen *post-migrantischen* Blick auf Migration, Stadt und Diversität (vgl. Yildiz 2016) einzunehmen: Jede Stadt besteht aus Menschen, die dort wohnen und dort leben wollen. Das ist der Ausgangspunkt – nicht die wertende Unterscheidung zwischen Einheimischen und Zugezogenen.

Geht man also davon aus, dass Stadtentwicklung schon immer an Mobilität gekoppelt ist, so entstehen daraus andere Urbanitätskonzepte als die im Migrationskontext seit Jahrzehnten viel beschworenen Integrationsprogramme – die zudem nicht als Angebot, sondern als misstrauische Forderung und Warnung an spezifische Gruppen gerichtet werden. Es geht vielmehr darum, im Sinne einer inklusiven Stadt alle Menschen an der urbanen Gestaltung zu beteiligen.

In der Alltagspraxis funktioniert das längst, wie viele lokale Beispiele und Studien belegen. Immer noch erforderlich ist aber ein nachhaltiges Umdenken in der Stadtplanung. Statt migrationsgeprägte Stadtviertel als „Ghetto", „Parallelgesellschaft" oder „Brennpunkt" zu stigmatisieren, sollten Orte der Mobilität und Diversität zum Ausgangspunkt zukünftiger konzeptioneller Überlegungen gemacht werden. Ohne soziale Problemlagen in den Städten zu ignorieren, ist jedenfalls anzuerkennen, dass es oft Migranten waren, die mit ihren quartiersnahen Geschäften Leben auf die Straßen brachten und entscheidend zur Sanierung heruntergekommener urbaner Räume beigetragen haben.

Dagegen entwickeln viele Städte in den letzten Jahren Integrationsleitbilder, die immer noch einer alten Logik folgen. Regelmäßig wird danach gefragt, wie man Zugezogene, Ausländer oder Migranten integrieren kann – Gruppen, zu denen paradoxerweise oftmals Menschen gezählt werden, die schon seit Generationen in der Stadt leben, offenbar aber nicht als Einheimische wahrgenommen werden. Anstatt zu sagen: „Es geht um die Zukunft der Stadt, wie kann man alle daran beteiligen?", setzt sich die Trennung über Generationen fort.

Das Verhältnis zwischen Migration, Stadt und Diversität neu zu durchdenken und daraus zukunftsweisende Konzepte zu entwickeln, bedeutet schließlich, von einem „methodologischen Nationalismus" (Glick Schiller 2014: 158ff.) Abschied zu nehmen, das hegemoniale Diktat der Sesshaftigkeit infrage zu stellen, die urbane Lebenswirklichkeit der Menschen in den Mittelpunkt zu stellen und sie als Experten ihrer eigenen Lebenspraxis zu respektieren.

Die neuen Verortungspraxen im urbanen Alltag können besser mit einem „methodologischen Kosmopolitismus" (Beck 2004: 125) sichtbar gemacht und analysiert werden. Hier geht es um eine urbane Bewegung, welche Regionen, Kulturen, Lebensformen und Lebensentwürfe, die räumlich wie zeitlich entfernt liegen, auf lokaler Ebene verknüpft.

Letztendlich bedarf es Zukunftsentwürfe, die eine symbolische Wirkung auf Stadt und Urbanität haben, eine optimistische Haltung zu Migration und Diversität. Pluralität darf nicht als ein notwendiges Übel betrachtet werden, sondern als eine unvermeidliche politische und institutionelle Gestaltungsaufgabe, ein Bildungsanlass, ein Ausgangspunkt, um über die Zukunft gemeinsam nachzudenken. Daher brauchen wir eine inklusive Stadt, die die gesamte Bevölkerung in die Gestaltung einbezieht und ihr dafür vielfältige Möglichkeitsräume zur Verfügung stellt.

Bibliografie

Albrow, Martin: „Auf Reisen jenseits der Heimat. Soziale Landschaften in einer globalen Stadt". In: Beck, Ulrich (Hg.): *Kinder der Freiheit*. Frankfurt a. M. 2004, S. 288–314.

Beck, Ulrich: *Der kosmopolitische Blick oder: Krieg ist Frieden*. Frankfurt a. M. 2004.

Berlin-Institut für Bevölkerung und Entwicklung (Hg.): *Ungenutzte Potentiale. Zur Lage der Integration in Deutschland* (Autoren: Franziska Woellert, Steffen Kröhnert, Lilli Sippel, Reiner Klingholz). Berlin 2009.

Berlin-Institut für Bevölkerung und Entwicklung (Hg.): *Neue Potentiale. Zur Lage der Integration in Deutschland* (Autoren: Franziska Woellert, Reiner Klingholz). Berlin 2014.

Bukow, Wolf-Dietrich: *Urbanes Zusammenleben. Zum Umgang mit Migration und Mobilität in europäischen Stadtgesellschaften*. Wiesbaden 2010.

Cudak, Karin/Bukow, Wolf-Dietrich: „Auf dem Weg zur Inclusive City". In: Behrens, Melanie/Bukow, Wolf-Dietrich/Cudak, Karin/Strünck, Christoph (Hg.): *Inclusive City. Überlegungen zum gegenwärtigen Verhältnis von Mobilität und Diversität in der Stadtgesellschaft*. Wiesbaden 2016, S. 1–22.

Die Presse am Sonntag, 11. Mai 2014.

Erler, Klaus: „St. Nikolaus. Innsbrucks Finest". In: *6020 Stadtmagazin*. Ausgabe Dezember 2013, https://www.6020online.at/ausgaben/2013-dezember/innsbrucks-finest/, 23.01.2017.

Foucault, Michel: „Historisches Wissen der Kämpfe und Macht". In: Ders.: *Dispositive der Macht. Über Sexualität, Wissen und Wahrheit*. Berlin 1978.

Glick Schiller, Nina: „Das transnationale Migrationsparadigma: Globale Perspektiven auf die Migrationsforschung". In: Nieswad, Boris/Drotbohn, Heike (Hg.): *Kultur, Gesellschaft, Migration. Die reflexive Wende der Migrationsforschung*. Wiesbaden 2014, S. 153–178.

Krämer-Badoni, Thomas: „Urbanität und gesellschaftliche Integration". In: Bukow, Wolf-Dietrich/Yildiz, Erol (Hg.): *Der Umgang mit der Stadtgesellschaft. Ist die multikulturelle Stadt gescheitert oder wird sie zu einem Erfolgsmodell?* Opladen 2002, S. 47–62.

Kron, Stefanie: „Migration ist die Stadt". In: *Jungle World* Nr. 38 vom 18.09.2014.

Kumar, Maurice Munisch: „Unternehmen ‚Anpruggen'". In: *Mole*, 9/2012, http://molekultur.at/ausgabe/mole09/mole09_anpruggen.php, 23.01.2017.

Meighörner, Wolfgang (Hg.): *Alles Fremd – Alles Tirol* (Ausstellungskatalog). Innsbruck 2016.

Mitterer, Josef: *Das Jenseits der Philosophie. Wider das dualistische Erkenntnisprinzip*. Weilerswist 2011.

Said, Edward W.: *Kultur und Imperialismus. Einbildungskraft und Politik im Zeitalter der Macht*. Frankfurt a. M. 1994.

Said, Edward: „Figures, Configuations, Transfigurations“. In: *Race & Class* Nr. 1, S. 16–22.
Schlocker, Edith: „Die Koatlackn darf nicht sterben“. In: *Tiroler Tageszeitung Online*, http://www.tt.com/home/5284257-91/die-koatlackn-darf-nicht-sterben.csp?tab=article, 23.01.2017.
Schmidt, Siegfried J.: „Dichotomisierung – ein fatales Instrument der Komplexionsreduktion“. In: Tschernokoshewa, Elka/Jacobs, Fabian (Hg.): *Über Dualismen hinaus. Regionen – Menschen – Institutionen in hybridologischer Perspektive*. Münster/New York/München/Berlin, S. 45–56.
Terkessidis, Mark: *Kollaboration*. Berlin 2015.
Tiroler Chronist Nr. 133 (2014), Fachblatt von und für Chronisten in Nord-, Süd- und Osttirol.
Museen der Stadt Wien (Hg.): *Wir. Zur Geschichte und Gegenwart der Zuwanderung nach Wien*. Wien 1996.
Yildiz, Erol/Mattausch, Birgit (Hg.): *Urban Recycling. Migration als Großstadt-Ressource*. Gütersloh/Berlin 2009.
Yildiz, Erol: „Postmigrantische Perspektiven auf Migration, Stadt und Urbanität“. In: Geisen, Thomas/Riegel, Christine/Yildiz, Erol (Hg.): *Migration, Stadt und Urbanität. Perspektiven auf die Heterogenität migrantischer Lebenswelten*. Wiesbaden 2017, S. 19–34.
Yildiz, Erol: „Postmigrantische Perspektiven. Aufbruch in eine neue Geschichtlichkeit“. In: Erol Yildiz/Marc Hill (Hg.): *Nach der Migration. Postmigrantische Perspektiven jenseits der Parallelgesellschaft*. Bielefeld 2015, S. 19–36.
Yildiz, Erol: *Die weltoffene Stadt. Wie Migration Globalisierung zum urbanen Alltag macht*. Bielefeld 2013.

Anmerkungen

1 Um die Beziehungen zwischen Konstrukten von Orient und Okzident zu analysieren und gleichzeitig zu irritieren, schlägt Edward Said eine Lesart vor, die er als „kontrapunktisch“ bezeichnet (Said 1994: 66). „Beginnen wir damit, das kulturelle Archiv nicht als univokes Phänomen neu zu lesen, sondern *kontrapunktisch*, mit dem Bewusstsein der Gleichzeitigkeit der metropolitanischen Geschichte, die erzählt wird, und jener anderen Geschichten, gegen die (und im Verein mit denen) der Herrschaftsdiskurs agiert […]“ (1994: 92).

2 Vgl. den philosophischen Ansatz von Josef Mitterer 2011.

3 In diesem Kontext nimmt Siegfried J. Schmidt aus gutem Grund eine Unterscheidung zwischen ontologischen und instrumentellen Dualismen vor: „Um unsere Lebensprozesse pragmatisch erfolgreich zu bewältigen, brauchen wir *instrumentelle* Dualismen. Problematisch wird es, wenn wir diese instrumentellen Dualismen als *ontologische* Dualismen deuten, die ich als *Dichotomien* bezeichne, und wenn wir für diese Dichotomien Wahrheit beanspruchen; denn dann begeben wir uns über erkenntnistheoretische und erkenntnispraktische Überlegungen hinaus in das harte Spiel sozialer und politischer Machtausübung“ (2013: 46).

4 Dieser mediale „Wurzeldiskurs“ hat sich im Laufe der Zeit in enger Verbindung mit den Integrationsdebatten etabliert: „Jeder zweite junge Hamburger hat fremde Wurzeln“ (*Hamburger Abendblatt*, 27.09.2014); „Jeder Fünfte wurzelt im Ausland“ (*Kleine Zeitung*, 29.07.2014); „Jedes zweite Baby in Hagen hat fremde Wurzeln“ (*ZK Zukunftskinder*, 28.09.2011) usw.

5 „Im Modecafe Taminda in Innsbruck kommen ModeliebhaberInnnen und Gourmets gleichermaßen auf ihre Kosten. Wer vom modischen Flanieren erschöpft ist, kann bei indischen Samosas oder anderen internationalen Gerichten und Getränken mit biologischen Komponenten wieder Energie tanken. […]
Die vor allem in Familienunternehmen traditionell – vielfach in Handarbeit – hergestellten Kleidungsstücke kommen aus vielen verschiedenen Weltländern. Das Angebot besteht aus einem bunten Mix verschiedener Stile und Typen. Re-Design steht bei Taminda hoch im Kurs! Schöne Stücke mit Geschichte leben weiter in neuer Form, Zusammensetzung und Gestalt. Heimische und internationale NachwuchsdesignerInnen und KünstlerInnen werden ganz besonders gefördert.“ Siehe http://www.lebensart.at/bio-und-mode-in-innsbruck, 05.02.2017.

6 Michel Foucault (1978) meinte mit Heterotopien realisierte Utopien im eher negativen Sinn, eine Art „Auslagerungsräume“ für das Andere. Transtopien verweisen dagegen auf das positive Potenzial *realisierbarer Utopien* in einer durch Mobilität und Diversität geprägten globalisierten Welt.

Eine (meine) Geschichte der Gewalt

Der Berliner Künstler Kai Ziegner verwebt biografische Erfahrungen und dokumentarische Fotografien zu einer hybriden Erzählform, die persönliches Erleben und Zeitgeschichte miteinander verbindet, das Unerzählbare erforscht und das Unzeigbare jenseits von Fotografie und Text sichtbar zu machen versucht.
Der auf den folgenden Seiten vorgestellte kurze Auszug aus seiner Arbeit hat den Titel „Eine (meine) Geschichte der Gewalt. Verzeichnis der Orte und Situationen, 1988 bis 2016“ und bildet in sechs Erinnerungen den Kern der künstlerisch forschenden Auseinandersetzung des Autors mit dem Thema Gewalterfahrung im öffentlichen und privaten Raum.

Nachdem mir S., der wie ein älterer Bruder für mich war, eine Schreckschusspistole mit Munition und einen Abschussbecher für Feuerwerkskörper geschenkt hatte, begann ich, mich mit weiteren Waffen auszurüsten. Ich kaufte mir in H., einer Kleinstadt auf der anderen Seite der Grenze, ein verchromtes Butterflymesser und später in P. von meinem Kampfsportmeister, einem ehemaligen Polizisten, einen langen, schwarzen koreanischen Schlagstock mit gekerbter Spitze sowie einen hölzernen Baseballschläger in einem der neueröffneten Sportgeschäfte. Ich besorgte mir auch noch eine Krücke aus Aluminium und baute sie zu einem Tonfa um. Vorbild dafür war ein von japanischen Bauern entwickeltes Werkzeug zum Tragen von Mühlsteinen. Da es ihnen verboten war, Waffen zu tragen, hatten sie es zu einem getarnten Schlagstock umgearbeitet. Ich versah meine Version dieser Waffe, die zu diesem Zeitpunkt auch schon zur Ausrüstung verschiedener Spezialkommandos der Polizei gehörte, mit zwei Schrauben und Muttern an der Spitze, um sie wirkungsvoller zu machen. Ich lackierte das Tonfa schwarz, damit es im Einsatz nicht so schnell erkennbar war. Die Pistole, die Munition, das Messer und den Schlagstock trug ich für eine Weile in einem schwarzen Rucksack mit mir herum. Ich war 16 oder 17 Jahre alt und ging nie unbewaffnet auf die Straße.

I. ist eine Universitätsstadt am Rande des T. Waldes. Es ist nicht weit von dort bis zur ehemaligen Grenze. Goethe soll hier seinen letzten Geburtstag gefeiert haben. Die Stadt galt als ich 17 war als braunes Zentrum. Ich fuhr bewaffnet wie immer zu einer großen Demonstration dorthin. Zusammen mit Freunden aus P. sollte ich eine Sozialstation gegen den Angriff von Skinheads verteidigen. Wir bezogen in den Räumen Stellung, sicherten die Fenster gegen Steinwürfe und harrten der Dinge. Die Station wurde angegriffen, aber den Angreifern gelang es nicht, das Gebäude zu stürmen. Nach ihrem Rückzug und dem Eintreffen der Polizei wurden wir festgenommen. Man fesselte uns die Hände mit Spannbändern hinter dem Rücken und legte uns mit dem Kopf voran auf die Straße vor der Sozialstation. Ein Polizist richtete seine Waffe auf meinen Hinterkopf, als er mich durchsuchte. Er fand das Tonfa. Zusammen mit anderen Demonstranten wurde ich daraufhin „zugeführt". Man brachte uns zum Polizeipräsidium auf einem Hügel oberhalb der Stadt. Wir mussten im Innenhof mit dem Gesicht zur Außenwand des Gebäudes und gespreizten Beinen Aufstellung nehmen. Wir durften uns nicht bewegen und nicht miteinander sprechen. Da diese Maßnahme nicht zu enden schien, begannen wir irgendwann zusammen die Internationale zu singen. Danach wurden wir einzeln zum Verhör abgeführt und erkennungsdienstlich behandelt. Ich schwieg, so wie ich es gelernt hatte, und machte keine Angaben zur Herkunft des Tonfas. Spät nachts wurden wir entlassen.

M., eine Stadt im Süden, war der Ort, an dem sich Politiker und Wirtschaftsvertreter trafen, um sich zu beraten und die Geschicke der Welt nach ihren Vorstellungen zu lenken. Unser Ziel war, sie dabei zu stören. Es wurde eine der größten Demonstrationen dieser Zeit. Wir wohnten in einem Heim der Kirche in einem Außenbezirk der Stadt und fuhren mit der U-Bahn zu den Aktionen im Stadtzentrum. Eine davon sollte später als „Kessel von M." bekannt werden. Ein Aufgebot verschiedener Polizeikräfte wurde in der Nähe des M.-Hofs zusammengezogen und sie begannen damit, Teile des Demonstrationszuges zu umzingeln und gegen eine Hauswand vor einem Café zu drängen. Der Ring wurde immer enger gezogen und nach und nach wurden einzelne Protestierende herausgezogen und abgeführt. 480 Demonstranten wurden schließlich festgenommen. Unserer Gruppe gelang es aber, rechtzeitig zu entkommen. Wir zogen uns aus dem Stadtzentrum zurück und versuchten, zu unserer Unterkunft zu gelangen. Da wir die U-Bahn benutzten und ich mit einem Freund auf die Idee kam, im U-Bahn-Waggon Protestparolen an die Wände zu schreiben, wurde die Bahn schließlich an der nächsten Station gestoppt, um uns zu verhaften. Wir wussten damals nicht, dass es in den Waggons Überwachungskameras gab. Im Polizeipräsidium wurden wir erkennungsdienstlich behandelt, verhört und die Nacht über ohne Gürtel und Schuhe in Einzelzellen gesperrt. Das war noch vor meinem 18. Geburtstag.

Auf einem der Dörfer nordwestlich von P. gab es einen Gasthof, in dem sich an den Wochenenden Neonazis trafen. Sie nahmen auf dem Rückweg den Vorortzug, deshalb mussten wir am Bahnhof nur auf sie warten. Es war nach Mitternacht, als wir ihnen in einer Unterführung in der Nähe auflauerten. Sie waren sichtlich überrascht. Noch bevor wir sie angreifen konnten, hasteten Transportpolizisten über die Treppen hinunter und brachten sich aufseiten der Neonazis in Stellung. Einer von ihnen hatte seine Pistole gezogen und richtete sie auf uns. Mir gelang es zusammen mit S. zu fliehen. Die Polizisten riefen Unterstützung heran und trieben uns vor sich her durch die Stadt. Einige von uns wurden dabei gefasst. S. und ich entschieden, uns zu trennen und allein durchzuschlagen. Ich lief für eine Weile durch das Bett des Flusses E. und versteckte mich für mehrere Stunden im Wasser unter einer Brücke. In den frühen Morgenstunden verließ ich das Versteck und lief nach Hause. Weil einer aus unserer Gruppe nach der Verhaftung zu reden begonnen hatte, wurden später 40 von uns vor Gericht gestellt. Wir hätten im Gefängnis enden können, hatten aber Anwälte aus N., die Erfahrung mit politischen Prozessen hatten. Nach wochenlanger Verhandlung verließen wir das Gericht frei und ohne Verurteilung. Als der Prozess endete, war ich 22 Jahre alt. Die Begegnung in der Unterführung lag zu diesem Zeitpunkt schon vier Jahre zurück.

Mit R., einem Kollegen und Kameramann, mit dem ich häufiger zusammengearbeitet hatte, ging ich abends in S., einem Ausgehviertel von B., in ein Homosexuellen-Café. Wir waren hungrig und müde nach der Arbeit. Wir aßen eine Kleinigkeit, tranken ein Bier und gingen wieder. Vor dem Café sprach uns ein Mann an, der offenbar aus der Türkei stammte. Er stellte uns zunächst belanglose Fragen nach der Qualität des Kaffees, sein Ton wurde aber zunehmend schärfer und er begann, uns als Schwule zu verhöhnen. Wir sagten ihm, dass ihm unsere sexuelle Orientierung gänzlich egal sein könne. Daraufhin zog er ein Messer hervor und begann damit nach R. und mir zu stoßen. R., der größer und kräftiger als ich war, konnte ihn abwehren. Aber der Mann ließ nicht von uns ab. Mit seinem Telefon rief er Freunde heran und drohte, uns zu töten. Wir ließen uns nicht auf einen Kampf ein und flohen. Er kam uns noch einige Meter hinterher und schwang sein Messer. Er verfluchte uns und alle Homosexuellen. Ich hatte kurz zuvor meinen 26. Geburtstag gefeiert.

Wir fuhren mit unseren beiden Söhnen und meinem Vater zu einem historischen Markt im Kloster C. in der Nähe von B. Es war ein sonniger Ostertag kurz nach meinen 41. Geburtstag, viele Besucher waren unterwegs in der Klosterruine. Wir aßen zusammen, kauften ein paar kleine Geschenke und machten uns auf den Weg nach Hause. An einer Bushaltestelle vor dem Kloster kam uns ein junger Mann in schwarzen Jeans und grauem Kapuzenpullover entgegen. Meine Frau lief links von mir, ich in der Mitte, rechts von mir an der Straße mein Vater. Meine Frau und ich trugen unsere Babys in Tragegeschirren vor der Brust. Als der Mann sich kurz vor uns befand und auf die Seite meiner Frau auswich, sah ich aus dem Augenwinkel, wie er seine linke Faust ballte und das Gesicht verzog. Als er meine Frau passierte, stieß er ihr seinen Ellenbogen in die Seite. Sie schrie auf und da ich nicht genau gesehen hatte, was er getan hatte, fragte ich meine Frau, was passiert sei. Sie sagte, dass der Mann sie verletzt hätte. Wir rannten dem Angreifer nach und stoppten ihn kurz hinter der Bushaltestelle. Ich versuchte, ihn zur Rede zu stellen. Er begann uns zu beleidigen und als Nichtortsansässige zu beschimpfen. Ich drohte ihm Schläge an. Daraufhin zog er sein Smartphone heraus, begann uns zu filmen, drohte seinen Anwalt einzuschalten und uns zu verklagen, weil wir ihn vom Fußweg abgedrängt hätten. Ich beschimpfte ihn als Feigling. Hätte ich nicht mein Kind vor der Brust gehabt, hätte ich zugeschlagen. Immer wenn ich an dieser Haltestelle vorbeikomme, erinnere ich mich an den triumphierenden Blick in seinen Augen.

Praxis
und
Partizipation

Anmerkungen zur produktiven Aneignung des öffentlichen Raums

Christa Müller

Parallel zum Fortschreiten der vernetzten technischen Systeme und der Smart Technologies erlebt ausgerechnet das Selbermachen eine gesellschaftliche Renaissance. Galt die Subsistenzproduktion während der Nachkriegsjahrzehnte als Beschäftigung für den „rückständigen" Teil der Bevölkerung, der es sich (noch) nicht leisten konnte, Dinge und Dienstleistungen zu kaufen, hat sie in den letzten Jahren einen beachtlichen Wiederaufstieg erfahren. Unter neuen Vorzeichen, versteht sich. Eine wachsende Zahl von augenfällig jungen Akteuren ist erkennbar und auffallend praxisorientiert auf der Suche nach mehr Souveränität und Gestaltungsmacht sowie nach nachhaltigeren Lebensstilen und alternativen Wohlstandsmodellen – teils bewusst auf Lowtech-Niveau, teils aber auch ohne Berührungsängste zu computergesteuerten Technologien wie 3-D-Druckern oder CNC-Fräsen.

Die Akteure nutzen dabei häufig den öffentlichen Raum als Bühne; im Fokus stehen unerwartete räumliche Konstellationen und Kohabitationen von Pflanzen, Tieren und Menschen ebenso wie Teilen und Tauschen, die Wiederaneignung von handwerklichen Fähigkeiten, die Öffnung von Design und Schaltplänen (Open Source, Reverse Engineering etc.), das Hacken von Dingen und das Hacken von (öffentlichen) Räumen. Mit jeder dieser Interventionen erfährt die Stadt als technisch regierter Ort des Konsums, des Investments und des motorisierten Individualverkehrs eine Unterbrechung und einen Impuls in eine andere Richtung (Baier/Müller/Werner 2013).

1
Den öffentlichen Raum hacken

Im Folgenden geht es mir um eine zeitdiagnostische Einordnung dieses noch jungen Phänomens, das heißt, es werden gesellschaftliche Bezüge und Sinnhorizonte aufgezeigt, in denen die Aktivitäten gelesen werden können. Dabei befasse ich mich schwerpunktmäßig mit der derzeit prominentesten Strömung des Do it yourself (DIY), dem Urban Gardening, und den ihr eigenen Formen der Verräumlichung.

Gemeinschaftsgärten sind „urbane Gärten neuen Typs". Darunter verstehen wir städtische Nutzgärten, die nicht Refugien jenseits der geschäftigen Stadt sein wollen, wie die für die Epoche der Industriemoderne so typischen Kleingärten. Vielmehr wollen die Protagonisten der neuen Gärten mit der Stadt, mit der umgebenden Nachbarschaft kommunizieren (Müller 2011).

Die Akteure verwandeln Brachflächen, Parkgaragendächer und andere vernachlässigte Orte in eigener Regie in grüne, lebensfreundliche Umgebungen. Aus Europaletten, Industrieplanen und Bäckerkisten bauen sie mithilfe einer oftmals breiten Beteiligung aus dem Viertel mobile Gemeinschaftsgärten auf. Sie halten Hühner und Bienen, imkern, säen, ernten, kochen, reproduzieren Saatgut, bauen Lehmöfen und Lastenfahrräder aus Schrottteilen, nutzen Hafencontainer zu Werkstätten und Gartenbars um, eignen sich handwerkliches Wissen an und kultivieren Formen der Begegnung, die Pflanzen ebenso wie Menschen unterschiedlichster sozialer und kultureller Herkunft einschließen.

2
Gemeinschaftsgarten Annalinde, Leipzig

Dabei kommt dem Gemüseanbau eine besondere Bedeutung zu. Er ermöglicht milieu- und kulturübergreifenden Austausch und dient zugleich dazu, die industrielle Nahrungsmittelproduktion und ihre Handelsketten zu hinterfragen, zu unterlaufen, zu verändern. Bei der stetigen Beobachtung, wie Lebensmittel wachsen, welche Umgebungen und Formen der Pflege sie benötigen und wie sie verarbeitet werden können, wird man mit grundlegenden Fragen konfrontiert, zum Beispiel, wem eigentlich der Boden gehört und welchen Vorstellungen von Teilhabe und Wohlstand er in Zukunft dienen soll, und – eine ebenso zukunftsweisende Frage – von wo die Nahrungsmittel und die Ressourcen für den Massenkonsum in Zukunft kommen sollen und können.

Die urbane Gartenbewegung greift damit Fragen einer nachhaltigen Umgestaltung von Gesellschaft in bemerkenswert unideologischer Weise auf und bearbeitet sie vor Ort in Bezug auf eine in neuer Weise ausgedeutete Gegenwart auf. Die sich dabei herauskristallisierenden Formen des Do it yourself und Do it together reagieren auf den tiefgreifenden Transformationsprozess, in dem sich die westlichen Konsum- und Wohlstandsgesellschaften befinden. Urban Gardening ist damit nicht Ausdruck einer romantischen Verklärung des Landes, sondern vielmehr angetrieben von der Suche nach einer anderen Stadt, nicht zuletzt auch einer Stadt, die sich für die ökologischen und die sozialen Kosten ihrer Existenz zuständig erklärt. Jedenfalls weist die in manchen Medienberichten angebotene Lesart, beim urbanen Gärtnern handele es sich um eine verklärende Romantisierung des Landes vom sicheren Hafen der Stadt aus, eindeutig in die Irre. Man will keineswegs zurück in eine Vormoderne, vielmehr weisen die Aktivitäten über die Moderne hinaus (vgl. auch Heinlein et al. 2012).

Hier geht es um das Experimentieren mit anderen, mit reduktiven Formen der Moderne, einer Moderne, die durchaus in der Tradition der Aufklärung steht, die keine selbstverschuldete Unmündigkeit duldet, die aber zugleich auch das Ausschließen der Natur aus der Kultur und damit die dualistische Trennung beider Sphären praktisch beendet.

Upcycling und Mining als Wiederaneignungsstrategien

Die Bezugnahme auf die sich anbahnende Ressourcenkrise ist die augenfälligste Dimension in der DIY- beziehungsweise Urban-Gardening-Bewegung, denn sie materialisiert sich nicht zuletzt in informellen Formen des Bauens, des Upcycling und der Wiederinwertsetzung bereits vorhandener, häufig lokaler Materialien.

3
Prinzessinnengarten, Berlin

Ausgangspunkt des Handelns ist die Einsicht in knapper werdende Ressourcen, auf die man jedoch nicht mit Verzichtsstrategien reagiert, sondern mit Umdeutung, Wiederverwertung und Upcycling. Es geht nicht lediglich um eine Einsparung von Ressourcen. Die Suchbewegungen gelten vielmehr einem anderen Umgang mit den Dingen – und sie gelten einem „guten Leben", allerdings einem mit weniger Materialverbrauch. Man sieht im bereits vorhandenen Material verheißungsvolle Ausgangspunkte für kreative Neuschöpfungen. So trifft man in den urbanen Gemeinschaftsgärten auf charmante Lampenkonstruktionen aus Senfeimern, bepflanzte Einkaufswagen, aus Althölzern gezimmerte Outdoorküchen, Hochseecontainer, die zu Gartenrestaurants umgebaut werden und Europalettenbeete, in denen Bohnen, Salate und Maispflanzen wachsen. Von allem ist genug vorhanden, man muss nur die Potenziale der Dinge erkennen, die in der Stadt im Überfluss frei verfügbar sind. In immer ausgefeilteren Produkten, in immer mehr Wachstum sehen die oftmals noch jungen Akteure wenig Sinn, sie setzen auf Sichtung und Erschließung (*mining*) des Vorhandenen und bauen die Welten, in denen sie leben, in aller Ruhe um.

Die sogenannte Generation Y, die nach 1980 geborene, technologieaffine, ökologisch sensibilisierte, hochgradig vernetzte, selbstbewusste und gut ausgebildete Bevölkerungskohorte (Howe/Strauss 2000) ist in der DIY-Bewegung überdurchschnittlich repräsentiert. Sie haben nicht zuletzt im Internet Erfahrungen von Machbarkeit gesammelt und sind – im Vergleich zu den Vorgängergenerationen der Nachkriegsjahrzehnte – in demokratisierten Sozialitäten aufgewachsen. Familie, Schule und Web 2.0 vermitteln ihnen, dass alles möglich, die Zukunft offen ist und sie selbst aufgefordert sind, gestaltend einzugreifen. Wirk- und Handlungsmacht ist die Erfahrung ihres jungen Lebens. So sind sie aufgewachsen, so wollen sie arbeiten (Sheahan 2005), und so wollen sie auch die Stadt mitgestalten, in der sie leben. Das im Internet praktizierte Teilen von Kenntnissen und die hieraus resultierende Wirksamkeitserfahrung migriert in die analogen Räume und wird zur Herausforderung für die etablierten Institutionen. Die Generation Y ist gegenüber Autoritäten und Hierarchien kritisch eingestellt und erkennt die alleinige Gestaltungsmacht zum Beispiel der Stadtverwaltung und Stadtplanung nicht an. Sie verlangt nach freiem Zugang und ihre ästhetischen Vorlieben schließen Hands-on-Lösungen explizit mit ein.

Mit den unter anderem von ihr initiierten urbanen Gärten entstehen Hybridräume, die keinem Kanon folgen. An den Bruchlinien der Gegenwart scheinen oszillierende Formen zwischen Street-Art und kleinbäuerlicher Landwirtschaft auf, und die eigenwilligen Bauten des informellen Gärtnerns irritieren zweifellos die Sehgewohnheiten, denn die Akteure mixen unbekümmert großstädtische mit ruralen Ästhetiken. Man sieht ausgediente Hochsee-Kaffeesäcke als Sofaelemente, Jungpflanzen in Tetrapacks und die

4
Anbau in Asia-Reissäcken

schon ikonografischen Reissäcke aus Asiashops, in denen Kartoffelpflanzen wachsen. Was für andere Zivilisationsmüll ist, wird in den Gartenprojekten zu Gegenständen des Gebrauchs umgebaut und umgedeutet.

Diese Umdeutungen schließen unmittelbar an jüngere Debatten um einen „Öko-Urbanismus" an, in denen Städte nicht mehr nur als Verursacher ökologischer Probleme, sondern zunehmend auch als Lösungslabore und Experimentierräume gelten. Maximal urbane Lebensstile können minimale Umweltbelastung bedeuten, wenn die Städte infrastrukturell umgerüstet werden, meint der amerikanische Wissenschaftsjournalist David Owen in seinem Buch mit dem paradigmatischen Titel *Green Metropolis: Why Living Smaller, Living Closer, and Driving Less Are the Keys to Sustainability* (2009).

Die Art und Weise, wie kohabitiert wird, kann täglich selbst bestimmt werden. Viele der Projekte verstehen sich explizit als offene Lern- und Bildungsräume, die von selbsternannten „Dilettanten" bevölkert werden. Der Umgang mit den Dingen schult die Akteure, lehrt sie etwas: Wenn man sich auf sie einlässt, legen die Dinge einen bestimmten Umgang nahe. Man widmet sich ihnen und tritt in einen Erfahrungsaustauch.

In Gemeinschaftsgärten lässt sich deutlich beobachten, dass kollektive Herangehensweisen nicht nur auf die radikalen Individualisierungsprozesse der letzten Jahre reagieren, sondern auch ermöglichen, den konkreten Handlungsspielraum in verdichteten Ballungsräumen räumlich und sozial zu erweitern. Es ist dabei der experimentelle Charakter dieser (auf Zwischennutzungsflächen temporären, auf anderen Flächen sich erstaunlich verstetigenden) Orte, der sowohl im Baulichen wie im Sozialen unerwartete Möglichkeiten der Neuverortung bietet. Dabei scheinen sich insbesondere der kooperative Modus vivendi der Beteiligten und die Optionen einer (häufig vermüllten) Brachfläche gegenseitig zu verstärken und ein fruchtbares Handlungsfeld zu generieren, das Pioniercharakter hat und vielerorts als Attraktor im Stadtquartier fungiert.

Das Vorhandene neu sehen und zusammen mit anderen aus ihm etwas Schönes und Nützliches bauen, das verbindet die angesprochenen zeitgemäßen Entwürfe der Architekten mit den informellen Architekturen der Dilettanten in den Zentren unserer Großstädte. Doch sind beide nicht von einem Gestus des Bewahrens als Ausdruck einer konservativen Geisteshaltung inspiriert. Eher geht es darum, aus einer Logik moderner Überbietung und Übersteigerung auszusteigen und das „gute Leben" beziehungsweise den ganzen Menschen (Körperleib-Affinität) und seine sozialen Lebenszusammenhänge (Hausgemeinschaft, Nachbarschaft, Nähe, Miteinander) ins Zentrum des Bauens zu stellen und ökologisch zu fassen. Dazu gehört auch eine Freude am Wiederentdecken, neu Verknüpfen, Wiederverwerten und Anschlüsse suchen.

Beide Ansätze praktizieren einen Vergemeinschaftungs- und Vergesellschaftungsmodus, der weder wachstumsorientiert noch erfolgs- und konkurrenzbasiert ist. Im Gegenteil: Der Habitus ist offen, kooperativ, neugierig, wiederverwertend, reparierend, maßvoll, inklusiv, zugewandt – und voller Gestaltungsoptimismus.

Gärtner des neuen Typs korrespondieren mit ihren Upcycling-Praxen mit den Wegwerfpraxen in urbanen Räumen. Die Stadt wird nicht nur als Fundgrube gesehen – sie ist selbst Gegenstand des Do it yourself. Denn beim Werkeln auf der Brachfläche bleibt es nicht. Urbane Gartenaktivisten weisen Schnittstellen zu der international vernetzten Selfmade-City-Bewegung auf, die Räume für selbstbestimmte, nicht-kommerzielle Aktivitäten in Anspruch nimmt und dabei den eigenen Ort als Argument für die Notwendigkeit von mehr Freiräumen wählt. Sie stellen auf die Schließung des öffentlichen Raums ab und kritisieren mit ihren Architekturen und Aktivitäten vorgefertigte und vorgeplante Stadträume und leiten aus ihrer gemeinschaftlichen Praxis Anforderungen an eine zeitgemäße, demokratische Stadtplanung ab: Raum geben für Verbindungen zwischen Stadtnatur und Menschen, entsiegeln statt weiter versiegeln, Platz lassen für Begegnung und produktive Raumaneignungen, für die keine Eintrittsgelder entrichtet werden müssen. Diese Botschaften senden die Stadtgärtner an die Stadtplanung und sie tun dies nicht (nur) mit Worten, sondern mit der räumlichen Unmittelbarkeit und der Realität ihrer Installationen.

Künstlerischer Zugang zur Welt

Es ist letztlich ein künstlerischer Zugang zur Welt, der sich hier offenbart, und dabei ergibt sich eine augenfällige Parallele: Auf der einen Seite sind viele Gemeinschaftsgärten szenografisch gekonnt inszeniert, auf der anderen Seite entdecken die Professionellen der Szenografie den zunächst „unordentlichen" Raum des Gemeinschafts(dach)gartens als Medium der Kommunikation zwischen Kulturort, Alltagsleben und urbaner Natur. Sie „hacken" ihre Rasenflächen auf, legen Beete an und laden Flanierende zum Mitmachen ein. Damit ermöglichen sie nicht nur einen frischen Blick auf kompakte Gebäude, die viele als unüberwindbare „Festungen" wahrnehmen, sie verflüssigen auch die symbolischen Grenzen zur „Hochkultur". Vielerorts gelingt es, die Häuser räumlich zu öffnen, auch für die Teile der Bevölkerung, die aufgrund ihrer sozialen und habituellen Situierungen den Weg ins Theater bisher noch nicht gefunden haben.[1] Man sitzt zusammen, erntet Gemüse, bereitet es zu – ungezwungen und entspannt. Die Grenzen zwischen Kunst, Garten und Theater sowie zwischen Innen- und Außen-

5
Gemeinschaftsgarten Allmende-Kontor, Berlin

raum werden fließend, der Raum wird hybrid und dadurch zu einem frei nutzbaren Gemeingut.

Die spektakulär anmutende und kollektiv kuratierte Architektur des Berliner Gemeinschaftsgartens Allmende-Kontor ist ein weiteres Beispiel für eine „Independent-Freiraumnutzung" ebenso wie das gesamte Tempelhofer Feld, auf dem er sich befindet. Beim ehemaligen Flughafen Tempelhof handelt es sich um eine mehrere 100 Hektar große innerstädtische Freifläche, um deren zukünftige Nutzung nach wie vor gerungen wird. Selbst engagierte Naturschützer und Ornithologen sind beeindruckt davon, dass trotz intensiver Nutzung durch die Berliner Bevölkerung geschützte Flächen für Bodenbrüter wie die Feldlerche respektiert werden und sich eine kooperative Beziehung zwischen urbaner Natur und Stadtbewohner selbstreguliert herstellt.

Nicht zuletzt vor dem Hintergrund dieses vorsorgenden Handelns konnte das Volksbegehren 100% Tempelhofer Feld erfolgreich sein und die geplante Randbebauung wie auch die Umgestaltung der offenen Wiesenlandschaft in einen Park vorerst verhindern. Die Aktivisten möchten damit nicht nur eine wichtige Kaltschneise in der Innenstadt erhalten, sondern auch ein einzigartiges Experiment fortsetzen, das es den Menschen ermöglicht, in einem nicht definierten und also „leeren" Raum ihr Verhältnis zur Natur selbst auszutarieren. Flächendefinitionen sind Vorgaben „von oben", die nur eine polare Reaktion zulassen, eben ein Respektieren oder ein Überschreiten der gesetzten Grenzen. Eine Fläche wie das Tempelhofer Feld zeichnet sich jedoch dadurch aus, dass sie noch gestaltbar ist, dass man sich mit den vorhandenen Materialien und Gegebenheiten auseinandersetzen kann. Ein commons-orientierter Umgang mit Freiräumen ermöglicht zudem auch qualitative Formen der Begegnung mit anderen Nutzern in einem explizit nichtkommerziellen und damit durch und durch öffentlichen Raum.

Verunsicherung und Prekarisierung der Gesellschaft

Das Teilen der Ernte ist Teil einer konsequent inklusiven Ausrichtung urbaner Gemeinschaftsgärten. Der Zugang ist frei und die Nutzung verursacht keine Kosten. Es ist vielmehr umgekehrt: Die wandelbaren Orte sind angewiesen auf die Bereitschaft der Gärtner mitzugestalten und mitzuarbeiten.

Man spricht nicht zuletzt über offene bauliche Settings eine breite Vielfalt von Menschen an: Ob in Wien, Berlin, Köln oder Frankfurt, wer in einem urbanen Garten Zeit verbringt, kann beobachten, dass Menschen, denen man ansieht, dass sie über kein großes Einkommen verfügen, regelmäßig stehenbleiben, durch die Beete-Landschaften streifen, sich nach Mitmachbedingungen erkundigen und häufig zufrieden lächelnd wieder ihrer Wege ziehen.

6
Dorfplatz auf dem Tempelhofer Feld, Berlin

Ein wichtiger Teil der inkludierenden Architekturen sind neben den zumeist gemeinschaftlich bewirtschafteten Paletten- und Kistenbeeten Gemeinschaftsräume wie die kleine, selbstgezimmerte Theaterbühne im Himmelbeet-Garten in Berlin-Wedding, die Outdoorküche im o'pflanzt is! in München, die Halle des Volkes auf dem Gelände von NeuLand Köln, die kleine Containerbibliothek im Berliner Prinzessinnengarten, der Bauwagen auf dem Parkgaragendach im Gartendeck Hamburg oder gar der Dorfplatz mit wehendem Sonnensegel auf dem Tempelhofer Feld. Versammlungsorte fehlen in kaum einem Projekt, hier werden Gießdienste ebenso besprochen wie die Jahresplanung, hier wird Saatgut reproduziert, hier finden Workshops zu Partizipation und Konfliktschlichtung statt.

Durch ihre eigenwilligen räumlichen Arrangements wirken urbane Gemeinschaftsgärten anziehend auch auf Menschen, die biografisch vertraut sind mit temporären Architekturen, mit dem Mix aus Urbanität und bäuerlich anmutender materieller Kultur sowie mit selbstgebauten Behausungen aus der Tradition des Hands-on-Urbanism (Krasny 2012). Gewiss können und wollen urbane Gemeinschaftsgärten kein Ersatz für die sozialstaatliche Absicherung grundlegender Bedarfslagen auch für gering oder gar nicht Verdienende sein. Die Suche nach Kollektivräumen, die auch Versorgungsdimensionen einschließt, ist jedoch durchaus vor dem Hintergrund einer wachsenden Verunsicherung und Prekarisierung zu verstehen. Der Sozialtheoretiker Oliver Marchart bringt mit der Zeitdiagnose „Prekarisierungsgesellschaft" (2013) zum Ausdruck, dass nicht nur eine untere Schicht, sondern tendenziell die Mehrheit der Gesellschaftsmitglieder einer existenziellen Verunsicherung ausgesetzt ist, nicht zuletzt weil die Erwerbsarbeitssysteme der industriell verfassten Gesellschaft sich aufzulösen drohen und das Normalarbeitsverhältnis kontinuierlich zurückgedrängt wird. Marchart erklärt das umfassende Auftreten von Verunsicherung und Prekarisierung nicht zuletzt als Folge der Privatisierung der öffentlichen Daseinsfürsorge; nicht nur soziale Rechte werden abgebaut, auch die Ansprüche auf Arbeitsvorsorge, Arbeitslosen- und Krankenversicherung nehmen ab.

Entgrenzung und Subjektivierung von Arbeit

Die Erosion des Normalarbeitsverhältnisses und die wachsende Prekarität der Erwerbsarbeit bedeutet nicht, dass weniger gearbeitet wird – zunehmend ist sogar das Gegenteil der Fall. Insbesondere in den unteren Lohnklassen nimmt die Zahl der „Multiple Jobholders" und „Working Poor", die von einer Arbeitsstelle nicht mehr leben können, deutlich zu.[2] Ein Viertel der Deutschen arbeitet bereits im Niedriglohnsektor.[3]

Auf der anderen Seite sind die besser bezahlten Arbeitnehmer einer zunehmenden Entgrenzung von Arbeit ausgesetzt. Der Erwerbstypus des „Arbeitskraftunternehmers" (Voß/Pongratz 1998) weicht die Grenzen zwischen freiberuflich-unternehmerischem und festangestelltem Status auf und suggeriert auch den Festangestellten, dass sie permanent eine „Performance" abzuliefern haben – so, als verkauften sie ihren Einsatz täglich neu auf dem Markt der Ware Arbeitskraft. Dieser Prozess der Selbstökonomisierung ist

Bestandteil und Ergebnis einer in den 1980er Jahren begonnenen neoliberal gesteuerten Umgestaltung von Gesellschaft. Durch Flexibilisierung und Deregulierung von Arbeitsverhältnissen und Beschäftigungsformen weichen die im Fordismus noch dienlichen Grenzen zwischen Arbeit und Freizeit auf.

Die Urban-Gardening-Bewegung antwortet auf die Entgrenzung und Subjektivierung von Arbeit. An die Stelle der Ortlosigkeit setzen die Akteure den konkreten Ort des gemeinsamen Tuns, an die Stelle der zeitlichen Entgrenzung setzen sie einen Erfahrungsraum gedehnter Gegenwart, dessen primäres Ziel es nicht ist, monetären Gewinn einzubringen. Der Verdichtung von Zeiterfahrung stellen sie Formen des Miteinander-Arbeitens und Seins zur Seite, in denen das Effizienzregime in den Hintergrund und die Kollektiverfahrung in den Vordergrund gestellt wird.

7
Allmende-Kontor, Berlin

Folgerichtig ist urbanes Gärtnern – und die wachsende Bewegung des Do it yourself generell – keineswegs als rückwärtsgewandtes Phänomen zu verstehen, sondern als eine Auseinandersetzung mit den vielfältigen Anforderungen, die an das moderne Subjekt gestellt werden. So gesehen, lassen sich die Gartenräume und die in ihnen sich entfaltende Sozialität als Räume des Widerstands im Sinne einer kollektiven Immunisierung gegen diverse Überforderungen des Alltags lesen.

Die Orte des Do it together konterkarieren das postfordistische Regime mit ihren Logiken des Nicht-Vermarktbaren, des Gemeinschaftlichen, der Begegnung, des Teilens und der Wiederinwertsetzung von Gemeingütern. Damit bieten sie dem „erschöpften Selbst“ ein Refugium und entlasten es vom Zwang zu leisten und mit sich selbst identisch sein zu müssen (Ehrenberg 2004).

Dem „kognitiven Kapitalismus“ setzen sie die Hinwendung zu den sinnlichen Erfahrungsdimensionen und die Beschäftigung mit Handwerk entgegen. Sie schaffen offene Experimentierräume, die Möglichkeiten für Eigenproduktivität, für einen subsistenzorientierten Austausch, für nichtkommerzielles Teilen und Tauschen bieten. Der Ausgang ist offen.

Kulturindustrielle Vereinnahmung

Urbane Gärten zeigen, dass Stadt anders gestaltbar und erlebbar sein kann. Zugleich laufen die subsistenzorientierten Räume fortwährend Gefahr, kulturindustriell vereinnahmt zu werden. Urban Gardening, Guerilla Gardening und Guerilla Knitting sind längst Bestandteil von Marken-

8
Das Urban-Gardening-Manifest, www.urbangardening-manifest.de

Branding geworden, wie zum Beispiel im Werbespot „Anders erfrischt besser" von Bionade,[4] in dem hippe, junge Leute im Business-Outfit mitten in der Stadt Gärten anlegen, Laternenpfähle umstricken und mit bepflanzten Einkaufswagen die Straße kreuzen.

Hier zeigt sich ein klassisches Dilemma: Gerade die Handlungen, Orientierungen und Kollektivitäten, die sich dem Kapitalismus zu entziehen versuchen, indem sie die Logiken der Verwertung hinter sich lassen und commons-orientierte Orte schaffen, sind am ehesten der Gefahr ausgesetzt, vom Kapitalismus verwertet zu werden, denn sie produzieren die raren Güter Authentizität und Unabhängigkeit.

Der Kultursoziologe Andreas Reckwitz spricht von einem „Kreativitätsdispositiv", vom gesellschaftlichen „Regime des ästhetisch Neuen" (Reckwitz 2013: 20), das er als Antwort auf den „Affektmangel" in der organisierten Moderne (ebd.: 315) versteht. Das Dispositiv beinhaltet, dass in unserer Gegenwartskultur nicht nur jeder und jede kreativ sein will, sondern dass es eine allgegenwärtige Aufforderung zum Kreativsein gibt. Die kreativen Gebilde der Gemeinschaftsgärten sind also durchaus im zwielichtigen Kontext dieser neuen Form des Leistungszwangs zu sehen; folgen doch nicht zuletzt die Städte, in denen sie Wirkung entfalten wollen, selbst dem Imperativ des immer Neuen, zum Beispiel indem sie sich über *creative cluster* und andere Marketinginstrumente gegen „Wettbewerber", nämlich andere Städte, positionieren. Sie engagieren „Stararchitekten", geben spektakuläre Bauten in Auftrag, veranstalten Massenevents an markanten urbanen Orten wie dem Brandenburger Tor oder werben mit „Erlebnisstadtvierteln", um umzugsbereite Hochqualifizierte der „kreativen Milieus" mit möglichst wertvollen kulturellen Ressourcen anzulocken.

Die Funktionsprinzipien des industriellen Kapitalismus, wie sie Max Weber für die rationale Gesellschaft beschrieben hat – Zweckrationalität, Regelhaftigkeit, Berechenbarkeit, Bürokratismus und Standardisierung –, sind nicht verabschiedet, aber sie haben sich mit ihrem Gegentypus – dem Künstlerisch-Kreativen – verschmolzen. Der hieraus resultierende „ästhetische Kapitalismus" ist in der Lage, alles auch nur ansatzweise „Andere" oder „Eigenständige" anzusaugen und es einzupassen (Reckwitz 2013: 133ff.). Wie sind da alternative Praxen überhaupt möglich, fragen sich die Gemeinschaftsgärten, deren Locations von bekannten Automobilherstellern oder Modelabels regelmäßig für Fotoshootings vor urbaner Kulisse angefragt werden.

Auch Reckwitz stellt sich diese Frage und führt Formen „profaner Kreativität" ins Feld: Man könne sich statt der Kunst auch dem Handwerk widmen und in dessen Ethos der Meisterschaft einen Kontrapunkt zum Innovationszwang setzen (ebd.: 358ff.). Genau das tun die hier besprochenen

Formen des urbanen Selbermachens, die sich nicht ökonomisch verwerten lassen wollen und sich dafür explizit am Commoning orientieren (Baier/Müller/Werner 2013; Helfrich 2012). Sie schaffen freien Zugang, öffnen Codes, ermöglichen Teilhabe, üben sich im Reparieren, Selberbauen, Tauschen und Teilen. Mitten in der Stadt zu imkern, ist für die Generation Garten nicht nur ein politisches Statement gegen die schwindenden Lebensräume von Bienen in den durch die Agrarindustrie ausgeräumten Landschaften. Sie braucht innerstädtische Brachflächen auch deswegen, weil sie sich nicht mehr primär als Konsumentin versteht, sondern als Macherin, Gestalterin und Koproduzentin – mit der Stadt und mit der Natur.

Bibliografie

Baier, Andrea/Müller, Christa/Werner Karin: *Stadt der Commonisten. Neue urbane Räume des Do it yourself.* Bielefeld 2013.

Ehrenberg, Alain: *Das erschöpfte Selbst. Depression und Gesellschaft in der Gegenwart.* Frankfurt am Main 2004.

Heinlein, Michael/Kropp, Cordula/Neumer, Judith/Poferl, Angelika/Römhild, Regina (Hg.): *Futures of Modernity. Challenges for Cosmopolitical Thought and Practice.* Bielefeld 2012.

Helfrich, Silke/Heinrich-Böll-Stiftung (Hg.): *Commons. Für eine neue Politik jenseits von Markt und Staat.* Bielefeld 2012.

Howe, Neil/Strauss William: *Millennials Rising: The Next Great Generation.* New York 2000.

Krasny, Elke (Hg.): *Hands-on Urbanism 1850–2012. Vom Recht auf Grün.* Wien 2012.

Lefebvre, Henri: *The Production of Space.* Oxford 1991.

Marchart, Oliver: *Die Prekarisierungsgesellschaft. Prekäre Proteste. Politik und Ökonomie im Zeichen der Prekarisierung.* Bielefeld 2013.

Müller, Christa (Hg.): *Urban Gardening. Über die Rückkehr der Gärten in die Stadt.* München 2011.

Owen, David: *Green Metropolis: Why Living Smaller, Living Closer, and Driving Less Are the Keys to Sustainability.* New York 2009.

Reckwitz, Andreas: *Die Erfindung der Kreativität. Zum Prozess gesellschaftlicher Ästhetisierung.* Berlin 2013.

Sheahan, Peter: *Generation Y. Thriving and Surviving With Generation Y at Work.* Sydney 2005.

Voß, Günter/Weiß, Cornelia: „Burnout und Depression – Leiterkrankungen des subjektivierten Kapitalismus oder: Woran leidet der Arbeitskraftunternehmer?" In: Neckel, Sighard/Wagner, Gretag (Hg.): *Leistung und Erschöpfung. Burnout in der Wettbewerbsgesellschaft.* Berlin 2013, S. 29–57.

Voß, Günter/Pongratz, Hans J.: „Der Arbeitskraftunternehmer. Eine neue Grundform der Ware Arbeitskraft?" In: *Kölner Zeitschrift für Soziologie und Sozialpsychologie.* 50/1 1998, S. 131–158.

Anmerkungen

1 http://urban-gardening.eu/rasen-war-gestern

2 http://www.boeckler.de/39820_39827.htm

3 Einer 2013 veröffentlichten Studie des Instituts für Arbeitsmarkt- und Berufsforschung (IAB) zufolge verdiente 2010 rund ein Viertel aller Beschäftigten weniger als 9,54 Euro brutto pro Stunde (http://www.spiegel.de/wirtschaft/soziales/geringverdiener-jeder-vierte-deutsche-muss-fuer-niedriglohn-arbeiten-a-913074.html; Ersteintrag vom 25.07.2013).

4 http://www.youtube.com/watch?v=M7U5WlaslrE

Infrastrukturen, Netzwerke, Allianzen

Wege zur behutsamen Stadterneuerung in städtischen Armenvierteln

Fabienne Hoelzel

Slumbewohner sind Stadtbewohner und dennoch sind sie von der Nutzung städtischer Infrastrukturen und Dienstleistungen weitestgehend ausgeschlossen. Die städtischen Armen, die beispielsweise in Subsahara-Afrika oftmals die Mehrheit ausmachen, sind politisch, wirtschaftlich und sozial stark marginalisiert und können an der Stadt nicht teilhaben. Das inflationär gebrauchte Mode- und Zauberwort Partizipation bekommt in diesem Kontext eine lebensbestimmende Komponente. Lagos, an der atlantischen Küste gelegen, ist mit rund 20 Millionen Einwohnern nicht nur Nigerias größte Stadt, sondern auch Westafrikas Wirtschaftsmotor – und wächst derzeit jährlich um drei bis vier Prozent (vgl. World Economic Forum 2016). Lagos bestimmendes Merkmal ist, dass es sich weitgehend um eine sogenannte *self-help city* handelt: Stadtplaner waren kaum an ihrem Bau, ihrer Entwicklung und ihrem Wachstum beteiligt (Koenigsberger 1983). Die Bewohner der Stadt und der Region, unabhängig vom sozialen Status und den wirtschaftlichen Möglichkeiten, sind gezwungen, sich selbst zu organisieren, sei es bei der Strombeschaffung, der Wasserversorgung oder der Abwasserentsorgung, da die entsprechenden Dienstleistungen – auch in den wohlhabenderen Quartieren – mehr schlecht als recht funktionieren. Stromausfälle, oft tagelang, gehören zum Alltag. In den Armenquartieren gibt es praktisch keine Infrastruktur und deren Nichtvorhandensein ist der alles dominierende Faktor. Der Makoko Neighborhood

1
Makoko Neighborhood Hotspot, Sicht von der Lagune

2
Makoko Neighborhood Hotspot, Sicht vom Festland

Hotspot, der im Folgenden genauer vorgestellt werden soll, stellt gewissermaßen den Versuch oder die Hypothese eines möglichen Ansatzpunkts für diese Problematik dar. Er ist relativ klein – in dicht besiedelten Slums ist Platz Mangelware –, günstig, strategisch und gewissermaßen maßgeschneidert angesiedelt an der Schnittstelle verschiedener Themenfelder. Zunächst wurde der Makoko Neighborhood Hotspot als soziale und technische Infrastruktur für einen der bekanntesten städtischen Slums von Lagos mit demselben Namen – Makoko – konzipiert, die idealerweiser im Quartier repliziert werden und dann in einem Netzwerk von Hotspots funktionieren könnte. Er ist durchaus auch als Prototyp für ähnliche Siedlungen zu verstehen und zwar weniger in seiner physischen Entität denn als Lösungsansatz. In diesem Sinne ist der Makoko Neighborhood Hotspot ein „Ermächtigungswerkzeug", das sich auch mit den wechselnden Bedürfnissen der Bewohner inkrementell verändern kann. Er soll als Versorgungsstation für urbane Dienstleistungen sowie als Gründerzentrum für den Betrieb erneuerbarer Energien und an die Biogasproduktion angeschlossener Gemeinschaftstoiletten dienen. Daneben wird er als Gemeinschaftszentrum und öffentlicher Treffpunkt genutzt und von einer eigens zu diesem Zweck gegründeten Kooperative verwaltet.

Westafrikas urbane Involution

Unter Praktikern und Theoretikern ist man sich weitestgehend einig, dass sich Westafrika in einer immensen urbanen Krise befindet, die durch verschiedene Faktoren befeuert wird. Dazu zählen eine große und wachsende Bevölkerung, eine ungebremste Ausdehnung des Siedlungsgebiets, beschränkte finanzielle Mittel und vermehrt auch die Auswirkungen des Klimawandels. Die aktuellen demografischen Statistiken prophezeien für die urbanen Gebiete in Subsahara-Afrika weiterhin ein großes Wachstum, bedingt durch die hohen Geburtenraten, die im Durchschnitt bei fünf Kindern pro Frau liegen (Population Reference Bureau 2013). Die meisten Afrikaner werden also schon heute in Städten geboren. Ein Rückgang der Geburtenrate auf 2,5 bis 3,5 Kinder pro Frau wird erst um 2050 erwartet (vgl. International Monetary Fund 2015). Frühere Urbanisierungsmuster, wie sie etwa Europa im 19. Jahrhundert prägten und die auf einer positiven Korrelation zwischen steigendem Wohlstand und demografischem Wandel beruhten, sind im westafrikanischen Kontext nicht anwendbar. Das westafrikanische Entwicklungsmuster wird aus diesem Grund auch als „urbane Involution" beschrieben, charakterisiert durch eine Kombination aus der massiven Ausdehnung urbaner Ballungsräume und gleichzeitigem wirtschaftlichen Niedergang (Gandy 2006: 247–248). Die seit einigen Jahren und Jahrzehnten fortschreitenden Globalisierungsprozesse haben Gewinner und Verlierer hervorgebracht, wobei die Armen in Westafrika zu den größten Verlierern gehören; diese Menschen konnten von der Globalisierung nicht profitieren (Milanovic 2016: 11). Erschwerend kommt das gravierende und grassierende Problem des unlauteren Kapitalabflusses aus westafrikanischen Ländern hinzu, der diese um die so dringend benötigten Steuereinnahmen bringt. Die Regierungen in vielen westafrikanischen Ländern üben eine schwache Kontrolle über die Tätigkeiten der öffentlichen Verwaltung aus. Eine der Folgen ist, dass Korruption auf allen Ebenen und in allen Gesellschaftsschichten ein realer Teil des Alltags ist und unter anderem in Nepotismus seinen Ausdruck findet, der sich wiederum auf die Karrierechancen des Einzelnen und auf die

3
Millionen-
stadt Lagos

Vergabe von Regierungsverträgen auswirkt. Schmier- und Bestechungsgelder sind oftmals der einzige Weg, um die überbordende Bürokratie etwas zu beschleunigen, etwa um eine Baubewilligung zu bekommen.

Behutsame Stadterneuerung und Slumaufwertung

In Deutschland wurden bereits in den 1970er Jahren Konzepte zur behutsamen Stadterneuerung, unter Beteiligung der Bevölkerung und als Alternative zur Tabula-Rasa-Stadtentwicklung, angewendet (Hämer 1980; Sack 2002). Seit den frühen 1980er Jahren werden beispielsweise in Brasilien verschiedene Ansätze in der Aufwertung von informell entstandenen Armensiedlungen ausprobiert, mit unterschiedlichem langfristigen Erfolg. Die Grundidee dieser Programme kommt der Philosophie der demokratisch organisierten, behutsamen Stadterneuerung, wie sie etwa Hardt-Waltherr Hämer propagiert hat, sehr nahe. Besonders das hochurbanisierte Südamerika – mit einer durchschnittlichen Urbanisierungsrate von 80 Prozent – beschritt schon früh avantgardistische Wege im Umgang mit Favelas (portugiesisch für Slums). Dies wurde begünstigt durch die Tatsache, dass in Brasilien die große Informalisierungswelle in den 1960er und 70er Jahren stattfand, was mit dem damaligen Wirtschaftsboom zusammenhing, der zahlreiche Menschen aus dem Norden und Nordosten des Landes zur Migration in die großen Städte wie São Paulo veranlasste. Viele von ihnen starteten ihr neues Leben in ungeplanten Siedlungen, die oft in Windeseile in Selbstbauweise entstanden. Mittlerweile sind aus vielen Favelas große und konsolidierte Quartiere geworden, die von der städtischen Verwaltung im Nachgang mit befestigten Straßen, Schulen, Wasser- und Stromversorgungsnetzen aufgewertet und punktuell auch mit Sozialwohnungsbau ergänzt worden sind. Solche Slumaufwertungsprogramme können auf äußerst stabilen Nachbarschaften aufbauen, die sich teilweise auch verhandlungsgeschickt und effizient in Anwohnerorganisationen organisieren. Wenn auch das Leben in den meisten brasilianischen Favelas eine Gratwanderung zwischen Sich-Durchhangeln und Absturz, etwa durch Gewalt, Drogen und Arbeitslosigkeit, bleibt, garantiert die Gesetzgebung den Menschen in den betroffenen Siedlungen das Bleiberecht oder im Falle eines Abrisses finanzielle Entschädigung respektive eine Umsiedlung in eine subventionierte Wohnung.

Makoko Neighborhood Hotspot

In Westafrika ist die Ausgangslage eine völlig andere: Die Urbanisierung hat gerade erst begonnen – die aktuelle Rate liegt bei rund 33 Prozent (Agence Française de Développement 2009) –, entsprechend gibt es kaum so etwas wie eine städtische Entwicklungspolitik (Parnell et al. 2014). Nigeria etwa, Westafrikas größtes Land, kennt das Amt des Bürgermeisters nicht; Städte, selbst die größten, werden vom Gouverneur des entsprechenden Bundesstaates mitregiert (Hoelzel 2016). Die Regierungen verfolgen zudem kaum je eine armutsorientierte Politik oder bemühen sich um eine entsprechende Gesetzgebung. Die vielleicht größte Herausforderung ist die fehlende Rechtsstaatlichkeit. Diese müsste zwar nicht notwendigerweise auf dem liberalen oder sozialdemokratischen Modell Westeuropas beruhen, aber sie sollte einen, wie auch immer gearteten, verlässlichen Rechtsrahmen etablieren und eine Gesellschaftsordnung hervorbringen, die allen Gruppierungen – buchstäblich – Raum zugesteht und die aktuelle Investitionsscheu potenzieller Kapitalgeber abbauen würde.

4
Abete Ojora, einer der zahlreichen Slums in Lagos

5
Oresunmibare, ein anderer, besonders prekärer Slum, wo die Menschen auf durch Hausmüll gewonnenem „Land“ leben

In diesem Umfeld – rapide urbanisierend, arm, mit einer unzuverlässigen Rechtsstaatlichkeit – in Lagos, wo über 70 Prozent (Oshodi/Rafiat/Ogunwale 2016: 21) der Bevölkerung in Slums[1] und informellen Siedlungen leben sowie 62 Prozent (Human Development Reports 2015) mit weniger als 1,25 Dollar am Tag, setzt das Konzept des Makoko Neighborhood Hotspots an. Der Hotspot ist mehr eine Strategie oder ein Lösungsansatz denn ein physisches Projekt, obwohl seine Verkörperung natürlich unabdingbarer Teil des Konzepts ist und durchaus mit gestalterischen Ambitionen verfolgt wurde. Dem Projektentwurf ging eine intensive Phase der Feldforschung voraus, während derer unzählige Leute, Frauen und Männer gleichermaßen, zu ihren täglichen und grundsätzlichen Herausforderungen in ihrem Lebensalltag in Makoko befragt wurden. Ohne Ausnahme wurde die Gefahr einer Zwangsräumung durch die Regierung als die größte Angst und Schwierigkeit benannt, an zweiter Stelle, insbesondere bei den Frauen, wurde das Fehlen von sanitären Anlagen beklagt. Diese und weitere Beobachtungen, darunter etwa die hohe Verschuldung vieler Menschen oder die gesundheitliche Belastung der Atemwege und Augen durch die flächendeckende Verwendung von Feuerholz zum Kochen und Fischräuchern, wurden in Karten und Diagrammen festgehalten und als wichtige Grundlage für die Erarbeitung des Konzepts eines Infrastrukturhubs genutzt. Dieser beinhaltet neben Toiletten, der Produktion von Biogas zu Kochzwecken und von Sonnenenergie zur Herstellung von Eis, um Lebensmittel zu kühlen, auch die Schaffung von Jobs. Der Makoko Neighborhood Hotspot ist des Weiteren integrierter Bestandteil des auf Initiative der Gemeinschaften erarbeiteten *Makoko Regeneration Plan* (Fabulous Urban 2013).

Die Planungs- und Bauphasen konfrontierten die armen und unterversorgten Gemeinschaften mit einer Reihe von schwierigen und schmerzhaften Entscheidungsfindungsprozessen. Die komplizierte Struktur Makokos, die aus äußerst diversen ethnischen und religiösen Strukturen besteht und innerhalb derer bis zu 15 Stammesführer um Macht und Einfluss streiten, die ständige Bedrohung von außen, namentlich der Abriss des Quartiers durch die Regierung, sowie das langsame Voranschreiten des Projekts, bedingt durch das basisdemokratische Verfahren und das Organisieren der Gelder, was wiederum auf dem freiwilligen und unentgeltlichem Einsatz der beteiligten Architekten und Planer beruhte, brachte das Unterfangen mehr als einmal beinahe vor das endgültige Aus. Eine der schwierigsten und langwierigsten Entscheidungen war die Wahl der Parzelle. Sie sollte gut zugänglich sein, sowohl auf dem Wasser- als auch auf dem Landweg, sie sollte zentral gelegen sein und keinesfalls nur im Einflussbereich einer Gemeinschaft und deren Stammesführer. Hinzu kamen technische Schwierigkeiten. Es stellte sich nach der Entnahme von Bodenproben heraus, dass der Grund weitaus weicher ist

6
Frauen, die neben dem Neighborhood Hotspot Lebensmittel und warmes Essen verkaufen

7
Die Kinder in der Nachbarschaft nutzen das Erdgeschoss des Neighborhood Hotspots zum Spielen und Herumtoben.

als ursprünglich angenommen. Die eingangs geplante Pfahlbauweise in der seichten Lagune musste aufgrund der notwendig gewordenen Pfählungstiefe von über 20 Metern aufs Land verlegt werden. Die limitierten Budgetmittel und andere Einschränkungen führten schließlich zu einem kleineren Hotspot als zu Beginn geplant. Die am Bau beteiligten Handwerker wohnen alle in Makoko; das Holz wurde in der Sägerei Okobaba gekauft, die sich in direkter Tür-zu-Tür-Nachbarschaft zu Makoko befindet. Die feierliche Eröffnung im Dezember 2015 (Heinrich Böll Stiftung Nigeria 2015), die maßgeblich von den Gemeinschaften mitgestaltet worden war, fand im Beisein von ausländischen Diplomaten – die Schweizer Botschaft in Abuja hat den Bau finanziert – und lokalen Regierungsvertretern statt.

Bereits während der Bauphase wurde mit der finanziellen Unterstützung durch die Heinrich Böll Stiftung Nigeria die Bildung der Makoko Neighborhood Hotspot Cooperative Society Limited initiiert, die im Sommer 2016 offiziell beim Lagos State Department of Cooperatives registriert wurde. Zu diesem Zweck wurde zusammen mit den Gemeinschaften ein rund 70-seitiges Dokument erarbeitet, das die Statuten der Kooperative verbindlich regelt. Die Kooperative wird den Makoko Neighborhood Hotspot verwalten und den Betrieb sicherstellen. Momentan hat die Kooperative 20 Mitglieder sowie einen siebenköpfigen, demokratisch gewählten Vorstand, der unter anderem die Posten des Präsidenten, des Sekretärs, des Kassierers sowie die entsprechenden Stellvertreter umfasst. Die Auswahl der 20 respektive sieben Mitglieder von Kooperative und Vorstand erwies sich als äußerst zäh und langwierig. Da die *baales*, die traditionellen Stammesführer, bereits in der Union of the Ogu Baales organisiert sind und ihre Stimmen auch so in die täglichen Entscheidungsfindungen der Makoko-Gemeinschaften einfließen, wurde gemeinsam vereinbart, dass in der Kooperative überwiegend „normale" Leute Einsitz nehmen sollten, darunter auch junge Leute und Frauen. Letzteres ist leider nur sehr beschränkt gelungen, derzeit befindet sich lediglich eine Frau unter den 20 Mitgliedern. Die Statuten halten aber klar fest, dass es das ausdrückliche Ziel ist, im Laufe der Zeit mehr Frauen in die Kooperative aufzunehmen – es wird eine „Quote" von 30 Prozent angepeilt – und dass einer der Hauptzwecke der Kooperative darin liegt, Frauen wirtschaftlich zu ermächtigen. Die Personen, die die Biogasanlage, die Gemeinschaftstoiletten und die Solaranlage betreiben werden, sollen entsprechend Frauen sein. Auch wenn die Ziele zur vermehrten Beteiligung von Frauen in der Kooperative gemeinsam vereinbart wurden, dürfte dies, der bisherigen Erfahrung zufolge,

8
Eines der zahlreichen Meetings im Neighborhood Hotspot zur Gründung der Kooperative

9
Das Obergeschoss des Neighborhood Hotspots, wo in naher Zukunft die Gerätschaften für die Produktion der erneuerbaren Energien Platz finden sollen

in der Umsetzung schwierig sein; die traditionellen Machtstrukturen sind tief verankert. Es besteht trotzdem die Hoffnung, dass dank der Unterstützung des dreiköpfigen externen Begleitgremiums, das unentgeltlich arbeitet, zumindest ein Teil der gesetzten Ziele erreicht werden kann und die Verwaltung und der Betrieb des Neighborhood Hotspots einigermaßen effizient, effektiv und gerecht erfolgen wird.

Eine der Hauptaufgaben des siebenköpfigen Komitees wird die Einstellung, Bezahlung und Überwachung der Angestellten sein. Zu diesem Zweck wurden drei Businesspläne erstellt, die die Instandsetzung und den Betrieb des Hotspots langfristig und nachhaltig garantieren sollen. Die geplanten Aktivitäten sollen für rund 15 Familien (oder 120 Leute) die dringend benötigte Infrastruktur bereitstellen. Als Gründerzentrum und Inkubator hat der Hotspot vor allem auch die Funktion eines Pilotprojekts oder eines Prototypen, der später repliziert werden könnte, um in einem Netzwerk von Hotspots Dienstleistungen für das gesamte Quartier anbieten zu können. Die Abwässer der Gemeinschaftstoiletten sowie die im Überfluss vorhandenen Fischabfälle bilden den Rohstoff für die Biogasanlage. Das so produzierte Kochgas wird in eigens dafür angefertigten Rucksäcken gegen eine kleine Gebühr verkauft, wobei ein Rucksack ausreicht, um mehrere Stunden zu kochen. Auf diese Weise kann der für Mensch und Umwelt schädliche Ausstoß von Feuerrauch reduziert werden. In einer ersten Pilotphase werden die notwendigen Gaskocher an die teilnehmenden Familien gratis verteilt. Die Toiletten können gegen eine kleine Gebühr benutzt werden, wie es bereits heute in Makoko üblich ist. Die kleine Solaranlage auf dem Dach wird genügend Energie produzieren, um eine Solarkühltruhe zur Eisproduktion zu betreiben und um das Gebäude zu beleuchten. Da Makoko, wie erwähnt, nicht ans Stromnetz angeschlossen ist, nutzen die Frauen Eis, um Lebensmittel oder frisch gefangenen Fisch wenigstens etwas haltbar zu machen. Aktuell müssen sie relativ weite Wege gehen, um dieses Eis zu erstehen. In Zukunft wird dies nicht mehr nötig sein, da sie das Eis direkt am Hotspot kaufen können, wodurch die Frauen Zeit und Energie einsparen werden. Mit dem übrigen produzierten Strom können Mobiltelefone am Hotspot aufgeladen werden, ebenfalls gegen eine kleine Gebühr.

Game changers

Die beschriebenen und geplanten Aktivitäten sollen städtische Dienstleistungen bereitstellen sowie Jobs und Einkommen schaffen. Außerdem sollen der Einsatz und die Akzeptanz von erneuerbaren Energiequellen im Quartier getestet und gefördert werden. Hierzu wird nicht nur Vertrauen benötigt, die neuen Technologien müssen auch bezahlbar sein. Das notwendige Wissen wird in intensiven und begleitenden Kursen vermittelt und das Vertrauen hoffentlich durch den erfolgreichen und zuverlässigen Betrieb des Hotspots aufgebaut. Um die Bezahlbarkeit sicherzustellen, wurden vorgängig die aktuellen und üblichen Verkaufspreise in Makoko ausgewertet, beispielsweise für Feuerholz und den Gebrauch der „hängenden“ Toiletten, die direkt über dem Wasser am Ufer der Lagune installiert werden. Diese „wettbewerbsfähigen“ Verkaufspreise waren Ausgangslage für die Berechnungen in den Businessplänen. Die notwendigen Investitionskosten, das heißt die Kosten für Materialien, Werkzeuge für den Betrieb und Unterhalt, Schutzkleidung und Training der Angestellten müssen erst noch bei öffentlichen und privaten

Geldgebern organisiert werden. Es ist Teil des Gesamtkonzepts, in Zukunft die Finanzierung weiterer Hotspots für potenzielle Investoren attraktiver zu machen und in der Folge nicht länger auf Hilfsgelder und Spenden angewiesen sein zu müssen. Langfristig gesehen – das wäre zumindest die Vision – sollten Lokalregierungen und Anwohnerorganisationen den Unterhalt und den Betrieb solcher Neighborhood Hotspots übernehmen (Fabulous Urban/ Heinrich Böll Stiftung Nigeria 2014).

10
Das öffentliche Erdgeschoss des Neighborhood Hotspots ist leicht erhöht, um das Eintreten von Wasser während der Regenzeiten zu verhindern.

11
Der Neighborhood Hotspot wurde sorgfältig in das räumliche und soziale Gefüge des Quartiers eingepasst.

Eines der langfristigen Ziele der Neighborhood-Hotspot-Initiative ist es, die Regierung in Lagos und anderswo in Nigeria oder Westafrika zu inspirieren, wie der dramatische Mangel an Infrastrukturen für weite Teile der Bevölkerung angegangen werden könnte, nämlich durch strategische und günstige Interventionen. Die städtischen Armen in die Gesellschaft zu integrieren und ihnen Zugang zu Gütern und Dienstleistungen zu ermöglichen, ist in erster Linie ein selbstverständlicher Akt der Menschlichkeit und sozialen Gerechtigkeit. Aus einer wirtschaftlichen Perspektive, die nicht zuletzt gerade die Regierung interessieren müsste, würde dies zu einer Zunahme von Steuerzahlern und Konsumenten führen, was wiederum den Anstieg des allgemeinen Wohlstands zur Folge hätte. Der Anteil der Menschen, die in Lagos in armen und ungenügend versorgten Quartieren leben, beträgt zwei Drittel der Gesamtbevölkerung – eine gewaltige Dimension und Herausforderung. Präzise Interventionen mit einem niedrigen Technologiegehalt, die günstig im Bau und Unterhalt sind und strategisch Akteure involvieren sowie Probleme maßgeschneidert adressieren, können eine ernsthaft in Betracht zu ziehende Alternative sein zu den extrem teuren und im (west-)afrikanischen Kontext genauso oft gescheiterten Top-down-Infrastrukturprojekten, die maßgeblich von den herrschenden Eliten und den entsprechenden Geldgebern, wie etwa der Weltbank, gesteuert werden und die betroffenen Menschen kaum involvieren. Diese Projekte reagieren oft unzureichend auf den kulturellen Kontext und schenken den beachtlichen Fähigkeiten der Bewohner, sich selbst zu organisieren, zu wenig Beachtung. Kleinmaßstäbliche *game changers* könnten dagegen ein Lösungsansatz für die großen und wachsenden Slums in Lagos und anderswo sein.

Game changers sind kleine, strategische Projekte, die trotz ihrer geringen Größe nach dem größtmöglichen Hebel suchen, um den Teufelskreis von Armut, Arbeitslosigkeit und den Mangel an Basisinfrastruktur zu durchbrechen. *Game changers* reagieren präzise auf eine bestimmte Situation, das heißt auf einen bestimmten Ort, auf bestimmte Menschen und auf ihre Lebensweise. Obwohl solche Interventionen äußerst spezifisch sind, adressieren sie systemische Probleme und tragen damit zur Lösung dieser bei. Ohne die Beteiligung von Schlüsselpersonen, sei es auf der lokalen oder regionalen Regierungsebene, und ohne die Beteiligung der direkt betroffenen Menschen wird dies kaum möglich sein. Da Lagos, wie ausgeführt, in weiten Teilen eine *self-help-city* ist und die Stadtentwicklung seit Jahrzehnten ohne die Beteiligung von professionellen Planern und Architekten vonstatten gegangen ist, stellt sich in der Tat die Frage, wie genau denn die planenden und entwerfenden Disziplinen heute und in Zukunft zu Lagos' Stadtentwicklung beitragen sollen. Die Antwort der Lagos State Government auf diese Frage ist im Moment die Planung und der Bau von großmaßstäblichen Stadtentwicklungsprojekten, sogenannten *new towns*, zumeist auf privatem, neu aufgeschüttetem Land, mit privaten Geldgebern und privaten Betreibern, die in der Praxis als geschlossene Geschäfts- und Wohnanlagen funktionieren und die wohlhabende Gesellschaftsschicht zur Zielgruppe haben. Der Bau von großen Infrastrukturen in dicht besiedelten Gebieten ist teuer und langwierig – wenn nicht unmöglich –, da er die Umsiedlung betroffener Bürgerinnen und Bürger nach sich zieht, vorausgesetzt natürlich, es gäbe solch eine Gesetzgebung.

So oder so, die Armen werden hinten anstehen. Strategische und taktische Interventionen könnten nicht nur in diese Lücke springen, sie docken auch direkt an die *self-help*-Prinzipien und -Entwicklungsmuster der Stadt an. Das westafrikanische Urbanisierungsmuster, ein dahingehend nie dagewesener Urbanisierungsprozess, als dass er durch Armut und nicht durch wirtschaftlichen Aufschwung verursacht wird, verlangt und verdient die entsprechenden Lösungsansätze. In einem Kontext, wie er in Lagos vorzufinden ist und wo die Infrastruktur für die Versorgung der Bewohner bereits in den 1980er Jahren ungenügend war, ganz zu schweigen vom Unterhalt und Ausbau, um mit der Bevölkerungsexplosion Schritt zu halten, könnten *game changers* und strategische Interventionen einen möglichen Ausweg aus der extrem herausfordernden Situation sein. Der Makoko Neighborhood Hotspot wurde demokratisch organisiert und konzipiert, um hierzu mögliche Lösungsansätze zu liefern. Gleichzeitig handelt es sich um eine inkrementelle und offene Struktur, die nicht nur auf die Erkenntnisse während des aktuellen Lernprozesses reagieren, sondern sich den künftigen Bedürfnissen der Menschen anpassen kann.

12
Die Kinder der Nachbarschaft nutzen den Neighborhood Hotspot, um einander Rechnen und Schreiben beizubringen.

Bibliografie

Agence Française de Développement: *AFRICAPOLIS: Urbanization Trends 1950–2020: A Geo-statistical Approach. West Africa* (AFRICAPOLIS: Urbanization study in West Africa). 2009. http://www.afd.fr/lang/en/home/publications/travaux-de-recherche/archives-anciennes-collections/NotesetEtudes/Africapolis, 24.11.2016.

Fabulous Urban: „Makoko/Iwaya Waterfront Regeneration Plan". 2013. http://www.swiss-architects.com/en/fabulous-urban/projects-3/makoko_iwaya_waterfront_regeneration_plan-54118/?nonav=1, 24.11.2016.

Fabulous Urban/Heinrich Böll Stiftung Nigeria (Hg.): *Makoko-Iwaya Waterfront: Economic Opportunities*. Lagos 2014. https://ng.boell.org/sites/default/files/makoko_iwaya_waterfront_economic_opportunities.pdf, 24.11.2016.

Gandy, Matthew: „Planning, Anti-Planning, and the Infrastructure Crisis Facing Metropolitan Lagos". In: Murray, Martin J./Myers, Garth A. (Hg.): *Cities in Contemporary Africa*. New York 2006, S. 247–264.

Hämer, Hardt-Waltherr: *Stadterneuerung ohne Verdrängung in Berlin-Kreuzberg, Cuvrystraße. 1. Zwischenbericht Mai 1980.* Berlin 1980.

Hoelzel, Fabienne: „Which Way, Lagos?" In: Heinrich Böll Stiftung Nigeria/Fabulous Urban (Hg.): *Urban Planning Processes in Lagos. Policies, laws, planning instruments, strategies and actors of urban projects, urban development, and urban services in Africa's largest city*. Lagos 2016, S. 7–12. https://ng.boell.org/sites/default/files/160206_urban_planning_processes_digital_new.pdf, 18.07.2016.

Heinrich Böll Stiftung Nigeria: „Opening Cermony in Makoko/Iwaya Waterfront Community". 17.12.2015. http://ng.boell.org/2015/12/17/opening-cermony-makokoiwaya-waterfront-community, 24.11.2016.

Human Development Reports, „Nigeria", aktuelle Daten (Stand 2015) zu Nigeria online abrufbar unter http://hdr.undp.org/en/countries/profiles/NGA#, 27.01.2017.

International Monetary Fund: *Regional Economic Outlook: Sub-Saharan Africa. Navigating Headwinds*, Chapter 2: How Can Sub-Saharan Africa Harness the Demographic Dividend?, April 2015. https://www.imf.org/external/pubs/ft/reo/2015/afr/eng/pdf/chap2.pdf, 24.11.2016.

Koenigsberger, Otto H: „The Role of the Planner in a Poor (and in a Not Quite so Poor) Country". In: *Habitat International*, Vol. 7. Nr. 112, 1983, S. 49–55.

Milanovic, Branko: *Global Inequality. A New Approach for the Age of Globalization*. Cambridge 2016.

Oshod, Lookman/Rafiat, Adetonwa/Ogunwale, Michael: „Housing, Slums and Informal Settlements". In: Heinrich Böll Stiftung Nigeria/Fabulous Urban (Hg.): *Urban Planning Processes in Lagos. Policies, laws, planning instruments, strategies and actors of urban projects, urban development, and urban services in Africa's largest city*. Lagos 2016, S. 13–60.

Parnell, Susan et al. (Hg.): *Africa's Urban Revolution*. London 2014.

Population Reference Bureau: „2013 World Population Data Sheet". 2013. http://www.prb.org/pdf13/2013-population-data-sheet_eng.pdf, 24.11.2016.

Sack, Manfred (Hg.): *Stadt im Kopf: Hardt-Waltherr Hämer, 1928–2014*. Berlin 2002.

World Economic Forum: „These are Africa's fastest-growing cities". 2016. Vgl. https://www.weforum.org/agenda/2016/05/africa-biggest-cities-fragility/, 26.01.2017.

Anmerkungen

1 Gemäß den Vereinten Nationen ist ein Slum durch folgende Kriterien gekennzeichnet, die von vielen Slum-Aufwertungsprogrammen als Grundlage für Sanierungen und die Bewilligung der entsprechenden Finanzierung verwendet werden: 1. Inadequate access to safe water; 2. Inadequate access to sanitation and infrastructure; 3. Poor structural quality of housing; 4. Overcrowding; 5. Insecure residential status; UN-Habitat: „Housing & slum upgrading", http://unhabitat.org/urban-themes/housing-slum-upgrading/, 18.07.2016.

Feldnotizen zu urbanen Taktiken für eine kommunale Teilhabe

Siu King Chung

Community Museum Project – ein kommunales Museumsprojekt

Seit seiner Gründung im Jahr 2002 hat sich das Community Museum Project (CMP) auf die Fahnen geschrieben, „Methoden musealer Vermittlung anzuwenden, um die lokal agierende Kreativszene sowie die visuelle und öffentliche Kultur zu erkunden und zu präsentieren; außerdem sollen durch die Gestaltung der Ausstellungen interdisziplinäre Wissensdiskurse und Partizipation gefördert werden". Dieses Konzept entstand als Reaktion auf die Feststellung, dass die lokale Kreativszene in Hongkong nur sehr spärlich dokumentiert und das öffentliche Verständnis der kreativen Kultur sehr begrenzt war. Davon zeugten nicht nur ein leidenschaftsloser Diskurs zu Kunst, Design und Kultur in den Massenmedien, sondern auch die in Hongkong generell üblichen einseitigen elitären Museumssammlungen und kuratorischen Praktiken. Aus diesem Grund begann das CMP, sich mit Themen der lokalen visuellen Kultur zu befassen und experimentelle Ausstellungen zu kuratieren, die den kritischen Ansatzpunkt des Projekts über die Kreise der Mainstreamkunst hinaus präsentieren sollten. Ein weiteres Anliegen war es, Bürger einzubinden, die nicht Teil der Kunstszene sind, wie etwa vom wachsenden Gentrifizierungsprozess in Hongkong betroffene Bewohner. Als Kuratorenkollektiv (dessen Mitglied der Autor ist) hat das CMP versucht, einige der unzähligen Geschichten und vergessenen Kulturen Hongkongs ans Licht zu bringen und sich durch verschiedene Formen von kreativer Praxis und Engagement einzumischen, um, so der Ansporn, Veränderungen in bestimmten sozialen Situationen anzustoßen. Die Projekte des CMP können als eine Bündelung künstlerischer oder kultureller Strategien verstanden werden, die der Abrisskultur, die unsere Stadt bedroht, etwas entgegenzusetzen versuchen.

Anders als der Name vermuten lässt, beabsichtigte das CMP nie, ein physisches Museum für lokale Kunstprojekte zu etablieren; wir organisieren vielmehr „Museumsprojekte", die die örtlichen Gemeinden in die zuvor genannten Aktivitäten einbinden. Es sind Projekte, die sich Methoden musealer Vermittlung bedienen, um eine kreative Intervention, Präsentation und Kommunikation zu ermöglichen. Das heißt, es wird – wie in allen anderen Museen auch – gesammelt, geforscht, interpretiert, ausgestellt und vermittelt, nur verzichten wir auf eine Konservierung der Artefakte.

Die Straße als Museum

Durch die von der Stadtregierung unermüdlich vorangetriebenen Pläne zur „Stadterneuerung" wurde die Straßenkultur Hongkongs nahezu ausgelöscht. Das CMP entwarf daraufhin ein Gegenkonzept, nämlich die Metapher der „Straße als Museum". Während die Straßen sich einer brutalen „Sanierung" zum Zwecke der Wertsteigerung ausgesetzt sehen, betrachtet das CMP sie als ein lebendiges Museum, das kulturelle Artefakte, Geschichten und menschliche Werte über lange Zeiträume bewahrt. Solch eine metaphorische Sammlung repräsentiert eine reale, physische, räumliche und visuelle Manifestation des urbanen Lebens, der kulturellen Tradition und kommunalen Netzwerke, unabhängig von ökonomischen Infrastrukturen, Gewerbezentren und sozialen Organisationen der dort lebenden Bürger; sie zeigt sich entfaltende Stadtlandschaften bzw. die visuellen und kulturellen Narrative, mit denen sich eine Stadt identifizieren kann und/oder die sie aufzubauen bestrebt ist. Es ist daher sehr unklug, wenn eine Stadtregierung Entwicklern gestattet, eine solche lebendige „Museumssammlung" durch ihre unablässige Jagd auf Immobilienwerte rücksichtslos zu zerstören. Ein typisches Beispiel für ein solches Vorgehen ist das bekannte traditionelle Geschäftszentrum Lee Tung Street (LTS) in Wan Chai, das aufgrund der dort ansässigen Läden auch Wedding Card Street (Hochzeitskartenstraße) genannt wird. Trotz des aktiven Widerstands der Ladenbesitzer, Anwohner und der allgemeinen Öffentlichkeit wurden die Anwohner und Ladeninhaber gezwungen, ihre Wohnungen und Geschäfte zu verlassen. 2008 wurden die Gebäude schließlich abgerissen und in einen teuren Hochhauswohnkomplex, The Avenue, „umgewandelt".

Von 2004 bis 2009, inmitten der Debatte um die Lee Tung Street, versuchte das CMP, den Begriff der „Straße als Museum" durch einen Prozess zu demonstrieren, den wir „kulturelles Lumpensammeln" (*cultural scavenging*) nannten. Ähnlich wie urbane Schrottsammler versuchte das CMP, all die Kultur, die verworfen worden war, zusammenzutragen oder aufzusammeln: die Lebensart der Anwohner, ihre sozialen Beziehungen und die gemeinschaftlichen Werte, die sie in der Lee Tung Street in über 40 Jahren verwirklicht, entwickelt und bewahrt hatten. Dieses Vorgehen sollte an die Museumspraxis des „Sammelns" anknüpfen, dabei jedoch vielmehr ein Sammeln des bisher nicht Gesammelten oder vielleicht auch des Nichtsammelbaren sein; von Dingen also, die nicht notwendigerweise eine physische oder materielle Präsenz haben, sondern konzeptuell sind, wie etwa kulturelles Wissen, Geschäftsgeheimnisse, Geschichten aus der Nachbarschaft, die ökologischen Verhältnisse des Viertels, die räumliche und visuelle Gestaltung der Geschäfte oder, weiter gefasst, der „Inhalt" der Straße. Dies geschah, indem wir den Geschichten der Ladenbesitzer und Anwohner zuhörten, um sie dann zu dokumentieren. Außerdem untersuchten wir die Alltagsaktivitäten und -gegenstände sowie die Umgebung der Orte, an denen die sozialen Beziehungen der Befragten entstanden waren.

Um diese eher abstrakten menschlichen und gemeinschaftlichen Qualitäten zu präsentieren, mussten wir sie sichtbar oder sinnlich erfahrbar machen, ganz so, wie es Museumskuratoren tun würden. In unserer Veranstaltungsreihe „Street as Museum Cultural Tour" organisierten wir Straßenführungen, die einige Anwohner und aktive Bürger aus dem Wan-Chai-Viertel durchführten. So schufen wir für die Anwohner eine Plattform, auf der sie ihr lokales Wissen oder bislang nicht erzählte Geschichten zu besonderen Situationen in der Straße oder dem Viertel kommunizieren konnten. Das CMP stellte den Anwohnern Wissenschaftler zur Seite, um Straßenszenarien zu fünf zur öffentlichen Teilhabe bestimmten Themen zu kuratieren: „Shop-wise", „Ghosts in the City", „Every Street Tells a Story", „Beyond Suzie Wong" und „Survivor Wan Chai". Die Teilnehmer, die von den beauftragten „Graswurzelexperten", das heißt den lokalen Gästeführern, begleitet wurden, sollten zu jedem der Themen Orte besuchen und Geschichten hören: über die Geschicklichkeit oder Flexibilität, mit der die Einheimischen ihre Geschäfte organisieren und gestalten; über urbane Mythen, die sich auf vergangene Stadtplanungsmaßnahmen beziehen; über die Entwicklung des Viertels, über seine Sexindustrie und das traditionelle Handwerk. Dieses kulturelle Wissen sollte von den Stadtführern und den Wissenschaftlern, teils auch durch die

Befragung von Interviewpartnern auf der Straße in einem bestimmten Zeitraum zusammengetragen werden. Mit Bezug auf die kuratierten, themenbezogenen Straßenszenarien sollten diese Straßentouren unter die Oberfläche des scheinbar Profanen dringen, um so all die Geschichten, Mythen und Historien über die Entstehung des urbanen Charakters von Wan Chai ans Licht zu bringen.

Fotografische Bestandsaufnahme

Mithilfe von Fotografie und digitalen Werkzeugen (zum Beispiel Photoshop) sowie intensiver Arbeit vor Ort entwickelten wir eine Methode, die wir „Fotografische Bestandsaufnahme" (*photo-stocktaking*) nennen. Auf diese Weise versuchen wir, von allem, was auf der Straße zu sehen ist – seien es Ladenschilder, Türen, Tore, Graffiti, Plakate etc. –, möglichst vollständige Fotoarchive zu erstellen. Die gesammelten Bilder können dann auf unterschiedliche Weise arrangiert und organisiert werden, um die gewünschten Botschaften zu vermitteln oder auf kommunale Probleme hinzuweisen.

1

2

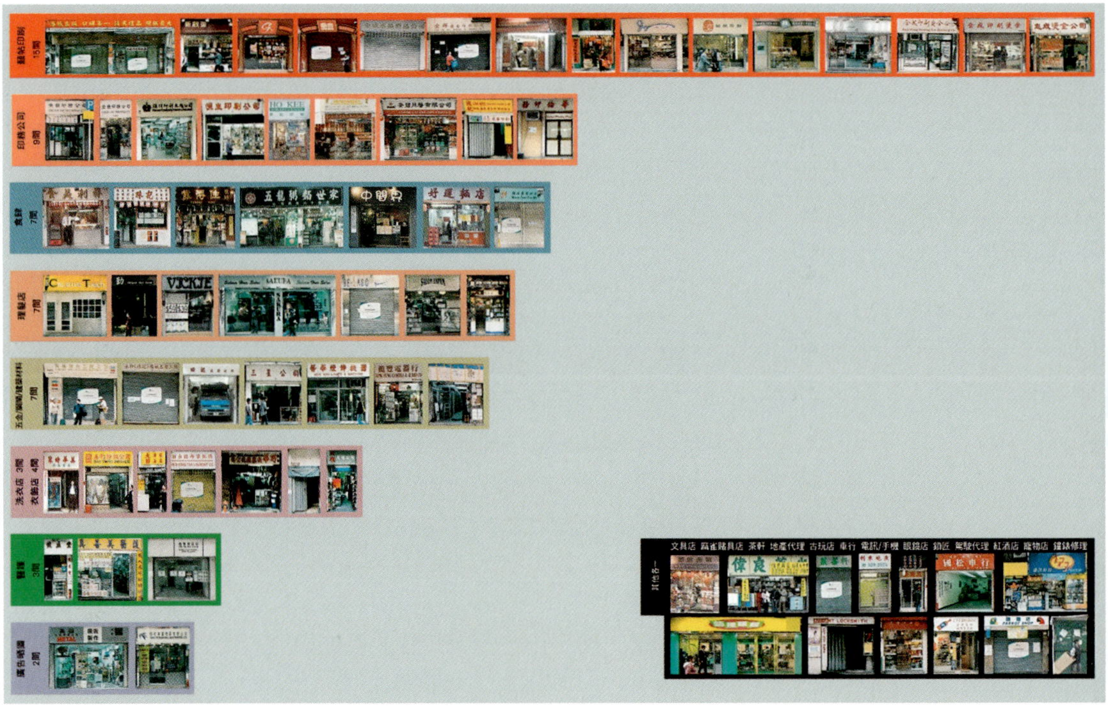

3

So fotografierten wir beispielsweise systematisch alle Ladenfronten und Wohnungen auf der Lee Tung Street. Durch das konsequente „Sammeln“ dieser Bilder konnten wir ein Panorama aller Geschäfte auf Straßenebene sowie der gesamten, links und rechts der Straße gelegenen Fassaden der Gebäude schaffen, bevor diese zerstört wurden (Abb. 1). Mittels dieses disziplinierten Archivierungsverfahrens war es uns auch möglich, Veränderungen im Aussehen der Straße im Verlauf der Zeit festzuhalten (Abb. 2) und zudem eine „visuelle Statistik“ (Abb. 3) der charakteristischen Geschäftstypen auf der LTS zu erstellen. Wir wählten bestimmte Bilder aus und kombinierten sie miteinander, um Vergleiche anstellen zu können oder die Kohärenz bestimmter Merkmale der Straße darzustellen und so auf die uns wichtig erscheinenden Probleme hinzuweisen. Als zum Beispiel die Anwohner gezwungen wurden, Geschäfte und Wohnungen zu verlassen, veränderte sich das Gesicht der Straße und wurde zunehmend öder. Von diesem Prozess zeugte nicht nur die wachsende Zahl von geschlossenen Geschäften, sondern auch die in den verschiedenen Phasen wechselnden „Straßenbotschaften“: von den frühen Protesttransparenten (Abb. 4.1) über die Flugblätter der Anwohner

4.1

4.2

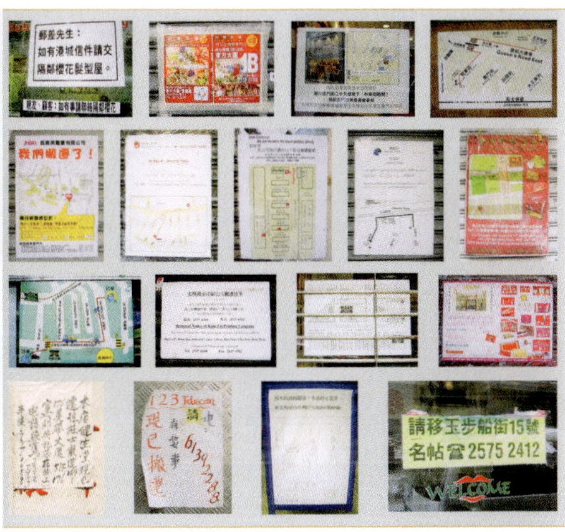

4.3

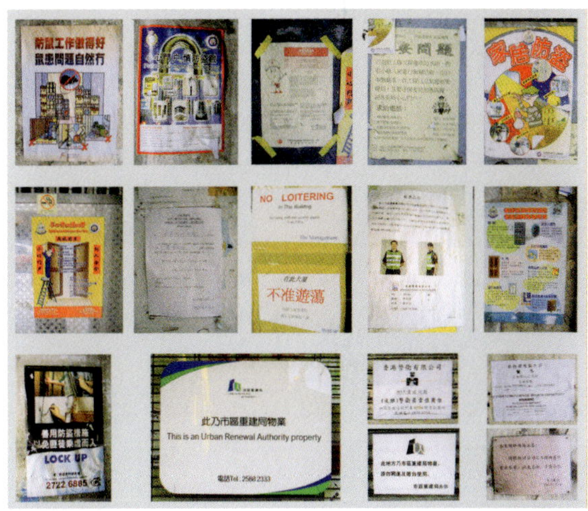

4.4

(um zu kommunalen Treffen einzuladen) (Abb. 4.2) und Räumungsankündigungen (Abb. 4.3) bis zu den Sicherheits- und Hygienewarnungen (um Einbrüche und Schädlingsbefall zu verhindern) (Abb. 4.4). All diese (visuellen) Botschaften tauchten zu unterschiedlichen Zeiten während der Umsiedlungsphase auf. Das CMP wollte mit seiner Bildersammlung diese Szenarien „re-präsentieren". Die „kuratierten" Bilder wurden zum Mittel der Visualisierung bestimmter, das Viertel betreffender Themen. Später entstand daraus eine Reihe didaktischer Wandtafeln für die Ausstellung „Lee Tung Street as You Have Never Seen Before". Damit sollte die verkannte kulturelle Bedeutung der von der Zerstörung bedrohten Straße illustriert werden.

Das Viertel sichtbar machen

Dies alles fand natürlich nicht ohne die Mitwirkung der Anwohner statt. Ladenbesitzer und Anwohner, die von den Sanierungsplänen betroffen waren, agierten als Museumsführer in der Ausstellung, wo sie anhand didaktischer Wandtafeln oder bestimmter Abschnitte der Panoramabilder ihr Leben in der von der Zerstörung bedrohten Straße schildern konnten. Unsere Arbeit ermöglichte es den lokalen Akteuren, die Geschichten des Viertels und ihre persönliche Meinung zur Umsiedlung zum Ausdruck zu bringen. Zuvor zum Schweigen gebrachte Stimmen konnten sich nun öffentlich äußern, um einen echten Diskurs zu diesem Thema anzustoßen. Die gesammelten und kuratierten Bilder und Geschichten dienten als visuelles Medium für die Stimmen der Bewohner und es entstand eine Ausstellung, die ein großes Medienecho hervorrief. Dies wiederum löste eine Welle kritischer Diskurse zum Thema der kommunalen Gentrifizierung in Hongkong aus.

Ausgehend vom Problem der Gentrifizierung begannen wir, den Einfluss auf das Gemeinwesen und die betroffenen Menschen zu untersuchen, zum Beispiel die Gruppe der Handwerker und traditionellen Händler, deren Lebensgrundlage durch die „urbane Erneuerung" in vielen Bezirken der Stadt bedroht wurde. Wir wollten eine Ausstellung gestalten, die die Zünfte und den Handel präsentieren und diesen als Plattform dienen sollte, das alteingesessene Wissen, die Kreativität und Alltagspraxis zu zeigen, die sich hier über die letzten Jahrzehnte erhalten hatten. Im Gegensatz zu herkömmlichen Methoden der Kulturbewahrung, etwa der auf Texten basierenden Oral History oder der dokumentarischen Fotografie, wollte das CMP das häufig vernachlässigte visuelle Wissen bestimmter Orte erhalten oder wiederherstellen.

Visuelles Wissen sammeln und präsentieren

Nach dem Projekt in der Lee Tung Street wandte sich das CMP gemeinsam mit ehrenamtlichen Aktivisten sowie Kunst- und Designstudenten der School of Design der Polytechnischen Universität Hongkong einem „Entwicklungsgebiet" in Sham Shui Po (genauer: K20–23, so die Bezeichnung der Stadterneuerungsbehörde) zu, um eine visuelle Studie durchzuführen. Da wir für diesen Bezirk ein visuelles Archiv produzieren wollten, stellte sich uns die Aufgabe, „kommunale Werte" zu identifizieren und sichtbar zu machen, die von der breiten Öffentlichkeit und ironischerweise sogar von den Anwohnern selbst häufig ignoriert werden. Wir knüpften Kontakte zu den Bewohnern der einzigartigen Dachhütten, einigen Alteingesessenen und 18 lokalen, unterschiedliche Gewerbe betreibenden Händlern. Wir sprachen mit ihnen, fertigten eine fotografische Bestandsaufnahme der materiellen Kultur ihrer Haushalte und Geschäfte an, um so den Lebensstil und die Geschäftspraktiken sichtbar zu machen. Mit dem durch die fotografischen Bestandsaufnahmen und Zeichnungen gewonnenen visuellen Material und weiteren Inhalten wurden von den Studenten ein Reihe von Informationsbroschüren erstellt, die Geschichten, Kenntnisse und praktisches Lebenswissen dieses fast vergessenen Viertels darstellten.

Lokale Artefakte

Begreift man die Straße als Museum, so kann man diese Broschüren sowohl als Dokumentation des der einheimischen Kultur entspringenden Wissens als auch als eine Art „kommunales Artefakt" betrachten, das weitergegeben wird, um die Anwohner zur Interaktion anzuregen. Eine der Broschüren widmete sich dem jahrhundertealten Geschäft Lau Shing Wo, das Soßen herstellt. Dabei wurden alle Soßensorten, die Herstellungsmethoden, die Küchenwerkzeuge, Rezeptanregungen, Verpackungen, Verkaufspraktiken etc. dokumentiert (Abb. 5.1 und 5.2). Ebenso festgehalten wurden die Vermarktung, Auslagengestaltung, Ladeneinrichtung und Raumgestaltung, die das Geschäft im Laufe der Zeit zu einem Treffpunkt für Kunden und Nachbarn gemacht hatten.

Diese Broschüren halfen den Anwohnern, Aspekte ihrer Lebenspraxis wiederzuentdecken, die sie zuvor nicht selbst hatten beschreiben können. Die immateriellen Werte, die durch die illustrierten Broschüren sichtbar und erfahrbar wurden, riefen den demoralisierten Einwohnern des bedrohten Viertels unvermutet ihren Stolz in Erinnerung. Nicht nur die Anwohner sahen in den Broschüren eine Art potenziellen „Reiseführer" für Besucher des Viertels; auch die Medien entdeckten die vergessenen Werte dieses bald der Zerstörung anheim fallenden Viertels, in dem der Reichtum kommunalen Lebens in all seiner Lebendigkeit zu besichtigen war. Hier gab es alteingesessene Geschäfte, die noch in Betrieb waren und die nicht nur die Werte und die kulturelle Attraktivität des Viertels, sondern auch sein soziales Kapital verkörperten.

Gemeinschaftsbildung

Langsam wurden dem CMP die Anwohner des Viertels vertrauter und wir erfuhren mehr über ihre Vorstellungen und praktischen Alltagsprobleme. Die Zusammenarbeit mit Nicht-Künstlern machte uns bescheidener und förderte unsere soziale Kompetenz. Wir mussten viele verschiedene

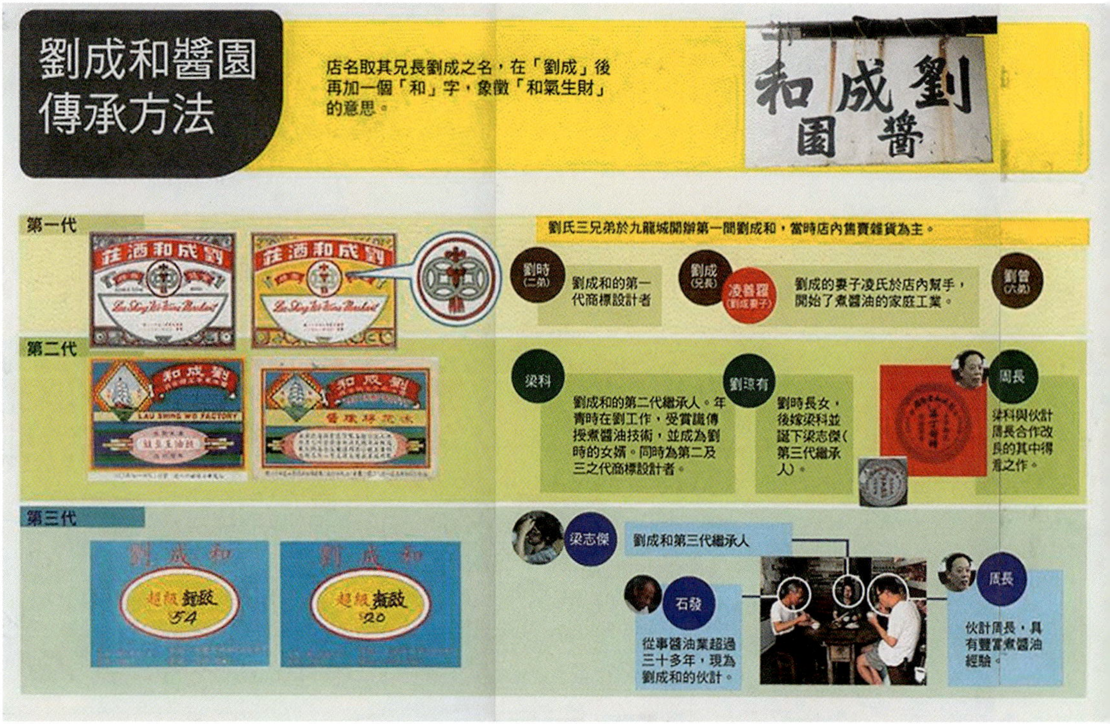
劉成和醬園
傳承方法
店名取其兄長劉成之名，在「劉成」後再加一個「和」字，象徵「和氣生財」的意思。
劉成和
醬園
第一代
第二代
第三代
劉氏三兄弟於九龍城開辦第一間劉成和，當時店內售賣雜貨為主。
劉時(二弟)
劉成和的第一代商標設計者
劉成(兄長)
凌普羅(劉成妻子)
劉成的妻子凌氏於店內幫手，開始了煮醬油的家庭工業。
劉曾(六弟)
梁科
劉成和的第二代繼承人。年青時在劉工作，受賞識傳授煮醬油技術，並成為劉時的女婿。同時為第二及三之代商標設計者。
劉琼有
劉時長女，後嫁梁科並誕下梁志傑(第三代繼承人)。
周長
梁科與伙計周長合作改良的其中得意之作。
梁志傑
劉成和第三代繼承人
石發
從事醬油業超過三十多年，現為劉成和的伙計。
周長
伙計周長，具有豐富煮醬油經驗。

5.1

醬料選擇及傳
統烹調智慧
從第一代到第三代，劉成和醬園也是以製造醬料、醋和釀酒等食品為主。現時他們仍按照傳統的方式製造，並且發展出一套獨有的製造方法，同時店員亦會為顧客提意各種使用醬料的烹調食物方法。
海鮮醬
茶瓜
酸筍
瓜英
咸檸檬
豆瓣醬
麻醬
紅薑
蕎頭
錦菜
磨豉醬
酸梅
酸薑
南乳(小)
南乳(大)
辣椒醬
豆豉
柱侯醬
麵豉醬

5.2

Kommunikationsstrategien entwickeln, um ihr Vertrauen zu gewinnen, unseren „visuellen" und wissenschaftlichen Ansatz zu erklären und sie zu überzeugen, das anzunehmen, was wir von ihnen einforderten oder gemeinsam mit ihnen erschufen. Auch sollten sie von den Endergebnissen beeindruckt und stolz auf den Prozess der Zusammenarbeit sein können. Am Ende stellte ein Kunstwerk oder eine Ausstellung für das Community Museum Project lediglich ein Nebenprodukt all der sozialen Beziehungen dar, die erfolgreich zwischen den verschiedenen Akteuren geknüpft worden waren. Wir dachten nicht mehr in Begriffen wie „unsere" Künstlergemeinschaft und „ihre" Aktivisten- oder Graswurzelinitiative. Zudem wurde uns bewusst, welches Potenzial museologische und visuelle Werkzeuge haben, um nachhaltige Gemeinschaften aufzubauen. Wenn wir ein Publikum für unsere Kunst schaffen wollten, mussten wir überhaupt erst einmal ein kommunales Publikum aufbauen und ansprechen; zur Erweiterung der künstlerischen Gemeinschaft mussten wir uns an einen größeren Kreis wenden, nicht nur Kunstschaffende einbeziehen, sondern auch wichtige Akteure aus anderen Bereichen. Wir sind überzeugt davon, dass all diese ungewöhnlichen Ansätze zur Präsentation und Ausstellung kommunaler Werte (oder Sehnsüchte) den Prozess der Gemeinschaftsbildung unterstützt haben.

Soziale Probleme sichtbar machen: *Museum of Complaints* (Museum der Beschwerden)

2010 wurde das CMP eingeladen, am Anyang Public Art Project mit dem Titel „New Community in the Open City" in Südkorea teilzunehmen. Um die uns nicht vertrauten kommunalen Probleme in diesem fremden Land in Angriff nehmen zu können, entwickelte das CMP das Konzept der „Beschwerde": Sich beschweren kann Stadtbewohnern als Mittel nicht nur zur Klage über den Status quo, sondern auch zur Initiierung von Verbesserungen oder Veränderungen der jeweiligen Situation dienen. Beschwerden über die städtische Umgebung, die häufig unter der Oberfläche brodeln, sind ein grundlegender Bestandteil der urbanen Kultur. Beschwerden können eine Form sozialer Praxis sein, die Aktionen und Veränderungen auslöst.

Die mit dem Begriff Beschwerde einhergehenden negativen, pessimistischen Konnotationen beiseite lassend, sah das CMP darin ein Mittel zur Verbesserung der urbanen Kultur. Unser Projekt „Museum of Complaints" („Museum der Beschwerden") war darauf angelegt, die ehrliche Meinung der Bürger zu Themen der Stadtpolitik oder des Straßenmanagements zu hören und zu sammeln, um so positive Effekte zu erzielen, die die Lebensqualität in der Stadt verbessern sollten. In einem Projekt kann sich die künstleri-

6

sche oder visuelle Umsetzung von lokal relevanten Beschwerden zu einem dynamischen Prozess entwickeln. Von Mai bis August 2010 sammelte das CMP Beschwerden von Menschen, die rund um die Anyang Central Station wohnen. Das Viertel besteht aus einer Mischung von Geschäfts- und Wohnhäusern und wurde in den vergangenen zehn Jahren durch die Entwicklung der Hauptverkehrsstraße Manan-ro geprägt. Hier grenzen alte Industrieareale unmittelbar an neue Einkaufsviertel; Wohngebiete der alternativen Szene und der Mittelklasse vervollständigen auf lebendige Weise das Bild, was allerdings nicht ohne Spannungen und Auseinandersetzungen bleibt. Dieser Stadtteil kann in seiner Entwicklungsphase als exemplarisch gesehen werden für den Trend zur Gentrifizierung der gesamten Stadt. Zur Vorbereitung der Ausstellung „Museum of Complaints" wurden erste Erkundungen in dem Viertel unternommen. Ausgerüstet mit speziell dafür aufgenommenen Panoramabildern der Manan-ro, die als visuelles und partizipatives Instrument dienen sollten, fragten die Mitarbeiter des CMP Passanten und ausgewählte Interviewpartner, welche Beschwerden oder Probleme ihnen beim Anblick bestimmter Straßensituationen spontan einfielen (Abb. 6). Die Befragten waren Akteure der Straße, darunter Ladenbesitzer, Verkäufer, Straßenhändler, Anwohner aus der Umgebung und Vertreter des Händlerverbands, zufällige Passanten, Taxifahrer, Polizisten, Parkspaziergänger und Käufer etc. Die gesammelten Antworten wurden anschließend ausgewertet und gemeinsam mit einigen freiwilligen Akteuren in einer Reihe von Workshops diskutiert, in denen bestimmte „Beschwerdekategorien" entwickelt wurden. So ergab sich eine große Bandbreite von (einander widersprechenden) Meinungen zu Fragen des Verkehrsmanagements, der Sicherheit auf der Straße, der Stadtatmosphäre, der Hygiene und öffentlichen Dienstleistungen – sowohl in Bezug auf die Manan-ro als auch auf die gesamte Stadt.

Die Ausstellung als generativer Prozess

Die analysierten Daten wurden verbildlicht und dann als „Stichwortgeber" in einer Ausstellung in der Anyang Central Station präsentiert. Die wichtigsten Elemente waren ein 40 Meter langes Straßenpanorama der Manan-ro auf Faltwänden (*byung-poong*) und die bildlich zusammengefassten Beschwerdekategorien auf den Ruheplattformen (*pyoeng-sang,* eine Art Stadtmöbel, das in Korea zum gemütlichen Beisammensitzen genutzt wird) (Abb. 7). Sie sollten visuelle Hilfsmittel oder Stichwortgeber für die weitere Einbeziehung der Öffentlichkeit sein und bei Besuchern, die zufällig am Bahnhof ankamen, Reaktionen auslösen. Beide Seiten des Straßenpanoramas wurden in Form von langen Wandtafeln gezeigt; die Besucher wurden aufgefordert, ihre Beschwerden (oder Vorschläge) auf die bereitliegenden Sticker zu schreiben und diese auf die Exponate zu kleben. So wurde während der vierwöchigen Ausstellung durch die freiwilligen Beiträge des Publikums ein sich stetig vergrößernder „Beschwerdeindex" geschaffen (Abb. 8). Die Exponate und die öffentliche Sicht auf den Straßenraum begannen miteinander zu verschmelzen. Die Bereitstellung einer grafischen Plattform, das heißt eines visuellen Stichwortgebers, ermöglichte es den Besuchern – also den Menschen, die auf ihren Wegen durch den Bahnhof zufällig auf die Ausstellung stießen – ihre Beschwerden und Vorschläge an einem öffentlichen Ort zu artikulieren.

Die Panoramawände trugen dazu bei, die Meinungen der Bürger zur Manan-ro zu sammeln und so allen Einwohnern des Viertels zugänglich zu machen. Außerdem wurde in der Ausstellung eine Postkartenserie mit Bildern der Straße als Souvenir zum Mitnehmen angeboten. Die Bürger konnten ihre Ansichten und Vorschläge auch per E-Mail an das Büro des Bürgermeisters senden. So wurde das Museum der Beschwerden eine unter Bürgerbeteiligung entstandene Demonstration der öffentlichen Meinung. Das CMP sieht darin ein sichtbares, handlungsorientiertes Mittel zur Sammlung und Visualisierung wichtiger sozialer Güter – in diesem Fall von Beschwerden oder Vorschlägen zur Verbesserung des urbanen Lebens. Wir sind überzeugt, dass das Verständnis für die öffentliche Meinung der erste Schritt zu sozialen Veränderungen ist. Die Ausstellung hatte also das Potenzial, zu einer Diskussions- und Aktionsplattform zu werden, die den Bürgern der

7

8

ganzen Stadt und den kommunalen Interessensgruppen offenstand. Diese „generative" Form der Ausstellung sollte den verantwortlichen Behörden die Ideen öffentlich (und sichtbar) übermitteln. So funktioniert visuelle Kultur: Sie benötigt ungewöhnliche Bilder, um soziale Diskurse zu vermitteln oder voranzutreiben und sie braucht eine einfallsreiche, visuelle Herangehensweise an eine partizipatorische Ausstellungsgestaltung.

Die Ausstellung war keineswegs das Ende des Projekts, auch wenn die Arbeit des CMP zeitlich begrenzt war. Im weiteren Verlauf sollten durch Vermittlungen zwischen öffentlichen Behörden und Bürgern Veränderungen angestoßen werden. Ebenso hofften wir, dass das Projekt erhalten bliebe und das konzeptuelle „Museum der Beschwerden" sich schließlich in ein „Museum des Lobs" verwandeln würde, in dem die guten Taten der Bürger und der Stadt archiviert würden. Deshalb entwickelte das Community Museum Project gemeinsam mit Nicht-Künstlern, zum Beispiel Aktivisten, Sozialarbeitern, Medienpartnern, urbanen Akteuren, Studenten etc., neue provisorische Kunst- und Designkonzepte. Die Zusammenarbeit mit gewöhnlichen Menschen und ausgebildeten Professionellen sowie das Schaffen von Projekten mit kommunaler Relevanz sind zur kreativen Agenda des CMP geworden. Ein Ansatz, den wir „soziales Kuratieren" (*social curating*) im Kontext nennen.

Fotografie als Medium der Stadtforschung

Autopsien der Stadt

Fotografische Mikrologien

Jürgen Hasse

Das Ansehen der Fotografie ist schlecht; von Charles Baudelaire bis Susan Sontag kommt mehr Spott als Anerkennung.[1] Nur als Dienerin von Wissenschaft und Kunst konnte sich Baudelaire (1983: 111) sie noch vorstellen. Für Susan Sontag (1980: 29) ist „der Akt des Fotografierens nur scheinbare Aneignung, scheinbare Vergewaltigung". Fotografie lasse „die Welt verfügbarer erscheinen als sie in Wirklichkeit ist" (ebd.). Die Kette der repräsentationstheoretisch begründeten Kritik an der Fotografie ist lang, und sie findet gerade in der Gegenwart eines massenmedialen Bildmissbrauchs für die Ziele politischer und ideologischer Magie nachhaltige Bekräftigung. So suggeriert sich das fotografische Bild in seinem Gebrauch durch Presse und TV als Medium der Information, behauptet sich dagegen praktisch in der Durchsetzung von Gefühls- und Denkregimen. Schon deshalb ist das Projekt der fotografischen Autopsien der Stadt der Legitimation bedürftig.

Stadtforschung und das Programm der „Autopsien"

Das diesem Beitrag zugrunde liegende Programm der „Autopsien" weicht von der gerichtsmedizinischen Bedeutung der Autopsie ab. Beiden ist aber eines gemeinsam: „Autopsie" bedeutet zunächst nicht mehr als ein aufmerksames und waches *Selbst*-hinsehen. Die fotografischen Autopsien folgen dem Ziel der Mikrologie, der detaillierten Betrachtung.[2] In den Fokus rückt potenziell alles, was sich erkunden und der *Veranschaulichung* zugänglich machen lässt, um Situationen der Bedenklichkeit zu wecken. Nur ist der Gegenstand der fotografischen Autopsien kein toter Körper, sondern der *Leib der Stadt* (Hasse 2015). Das phänomenologische Projekt der Autopsien wendet sich aber nicht dem gesellschaftlich „Wichtigen" zu; allzu oft ist dieses von Politik und Massenmedien nur wichtig *gemacht* worden. Beachtung verdient vielmehr, was im Abseits lebensweltlicher Aufmerksamkeit liegt – das Übersehene. Der französische Schriftsteller Georges Perec hatte in diesem Sinne vom „Infra-Gewöhnlichen" gesprochen. Damit war nicht das offensichtlich Banale des Alltags gemeint, sondern eine lebensweltlich-atmosphärische Hintergrundkulisse – das den Alltag der Menschen gleichsam „möblierende" Banale, das (im Sinne des „Infra") unbemerkt alles unterströmt.

Die fotografischen Autopsien streben keine Abbildung von *Realität* an. Diese kommt im Bild immer „nur" in der Form eines situativ geronnenen *Wirklichen* zur Erscheinung. Der Prozess der Bildgebung wird dabei von einer mimetischen Haltung bestimmt. Was im Bild letztlich sichtbar wird, ist also Ausdruck einer Beziehung zum fotografisch dargestellten Gegenstand. Diese führt zwangsläufig zur Veränderung dessen, was (in einem allein sachverhaltlichen Sinne) zu einer Zeit an einem Ort „ist" bzw. „war". Henri Delaborde merkte 1856 an: „Verglichen mit der Kunst erscheint uns die Fotografie z. B. ungenügend, ja mangelhaft, da sie nur das rohe Abbild der Realität und nicht das Bild des Wahren geben kann" (1983: 129). Auf diese Weise übersteigert Delaborde die (naive) Idee eines visualistischen Dokumentarismus und löst zugleich die mimetische Rolle im Prozess der Bildgebung in ihrer ganzen Ambivalenz und Problematik nahezu auf. Ein in der Geschichte der Kritik der Fotografie langlebiges Argument taucht hier schon in der frühen Zeit der Fotografie auf: Das Programm des Apparats gilt als deterministisch und deshalb seien auch keine mimetischen Spielräume einer freien Gestaltung zu erwarten. In der Tat ist mehr dieses Denken deterministisch als die Maschine, der die Kritik gilt. Diese kann in einer kreativen und kritischen Praxis ja ganz ohne Qualitätsschwund und Minderung ihrer Funktionen auch als politisches Kampfmittel eingesetzt werden. Der subjektive Gebrauch des „Objektivs" fordert dann den Diskurs auf produktive Weise heraus.

Auch Andreas Haus hatte darauf hingewiesen, dass die Fotografie nichts Reales, sondern etwas Wirkliches abbildet. Sie vermittelt „das Wirklichwerden einer im Bild enthaltenen Realie in Bezug auf die lebendige Wahrnehmung" (Haus 2000: 92), sodass das Subjekt letztlich nur seine Position zu etwas ins Bild setzt. Das darf nicht darüber hinwegtäuschen, dass die Fotografie einen Realkontakt bezeugt, den es im Moment der Bildnahme gegeben hat. Und so merkt Roland Barthes (1985: 86) an, in der Fotografie lasse sich „nicht leugnen, daß *die Sache dagewesen ist*".[3] Ohne Zweifel wirft sie einen Blick auf etwas Reales. Aber dieses zeigt sich allein im momentanen und situativen Gesicht des Wirklichen.[4] Bildgebung wie Bildnahme sind kulturell verwurzelt, also an starke wie schwache Deutungsmuster ebenso gebunden wie an subversive bis alternative Protestkulturen.

Trotz aller Kritik an überzogenen dokumentaristischen Erwartungen erfüllt die Fotografie dank der durch sie möglichen fixierenden Visualisierung eines „Gewesenen" auch diese Aufgabe. So hatte Herta Wolf (2002: 352) darauf verwiesen, „daß Fotografie und Archiv ohne einander nicht zu denken sind oder aber, daß sie sich gegenseitig erklären". Danach ersetzen die Fotografien die Wirklichkeit dessen, was sie abbilden – dies nicht, weil sie es bewahren, sondern „weil sie Sichtdispositiven zum Durchbruch" verhelfen (ebd.: 375). Mit Foucault (1978) versteht es sich aber auch von selbst, dass Dispositive als Bündel der Macht ambivalent sind. Sie stärken und schwächen die Deutung vor allem gesellschaftlicher Situationen. Das ließe sich in Deutschland am hoch manipulativen Bildgebrauch im Kontext der seit dem Sommer 2015 krisenhaften Migrationspolitik illustrieren, in deren symbolischer Lösung die staatlich kontrollierten Fernsehanstalten das Bild als Medium einer Politik moralisch erwünschter Affektkulturen einsetzen – als ganz spezifisch diskursives Mittel.[5] Fotografie ist aber nicht a priori affirmativ; ebenso kann sie einen kritischen Beitrag zur Zersetzung von „Sichtdispositiven" leisten.

Unter der Bedingung von Pluralität und Heterogenität ihrer Bewohner unterscheidet sich die Stadt vor allem durch eine ihr eigene Kultur des Lebens mit dem Dissens von der sozialen Welt ländlicher Räume. Das diskursbegleitende wie -komplementäre Ausdrucks- und Kommunikationsmittel der Fotografie entspricht ganz der Stadt als Lebensform. Die Offenheit, Krisenanfälligkeit, Performativität und Improvisation ihrer sozialen, politischen und ökonomischen Situiertheit bedarf in idealtypischer Weise der Intervention durch das a priori strittige Bild.

Die Autopsien widmen sich als subtile Methode mikrologischer Stadtforschung mit ästhetischen Mitteln am Beispiel der Garagen dem Infra-Gewöhnlichen, das auch im Bereich der „Visiotype" (Pörksen 1997) nur Brachen kennt. In den Fokus rücken damit urbane Dinge, die im Schatten der Aufmerksamkeit – abseits eindrucksmächtiger Stereotype – alltäglich übersehen werden. So öffnet sich der Fotografie diesseits der dispositiven Formatierung der Wahrnehmung ein mimetisches Feld der Schärfung der Aufmerksamkeit. Damit stellt sich indes eine erkenntnistheoretische Frage: Wie kann die Fotografie – als positivistisches Instrumentarium und Programm – der Phänomenologie bzw. der Philosophie dienen?

Bild und Atmosphäre

Im hier abgesteckten programmatischen Rahmen ist das phänomenologische Arbeitsfeld der Fotografie der „gelebte Raum", den Dürckheim (2005: 36) als „leibhaftige Herumwirklichkeit" und Raum konkreten Erlebens anspricht. Was er „herumwirklich" nennt, beeindruckt im individuellen Erleben durch einen bestimmten „eigentümlich sinnlichen Gesamtton" (ebd.: 39) vom Charakter einer Vitalqualität. Diese gibt es nicht im „tatsächlichen Raum", nicht im mathematischen Raum relationaler und objektivierbarer Abstände. Den von Vitalqualitäten gestimmten und anmutenden Raum nennt Dürckheim auch den „Wesenraum" (ebd.: 64f.). Andere Phänomenologen wie Otto Friedrich Bollnow, Hubert Tellenbach und später Hermann Schmitz oder Gernot Böhme sprechen hier vom atmosphärischen Raum. Die Fotografie hätte ihre Aufgabe also in der ästhetischen Thematisierung urbaner Atmosphären, die an Objekten einer infra-gewöhnlichen Welt zur Erscheinung kommen.

Die in diesem Beitrag beispielhaft gezeigten Fotografien von Garagen stellen sich in einer zweifachen Weise räumlich dar: zum einen, indem sie im engeren Sinne zweckdienliche Dinge im *tatsächlichen* Raum in ihrer ästhetischen Vielfalt veranschaulichen und zum anderen, indem sie auf Bedeutungen verweisen, die den Dingen im *atmosphärischen* Raum anhaften. Während Garagen in ihrem praktischen Gebrauch in banalen Zwecken aufzugehen scheinen, erfüllen sie sich im atmosphärischen Raum als distinktive Medien sozialer Kommunikation spürbar gemachter Bedeutungen. Was im fotografischen Bild von Garagen sichtbar wird, verweist auf beide Seinsweisen der Dinge.

Fotografie ist, so auch Ilka Becker (2010: 183), ein „multisensorielles" Medium: „Die Sichtbarkeit von Atmosphären beschränkt sich […] nicht auf die visuelle Schicht der Bilder. Sie ruft assoziierte Erfahrungen im Bereich des Tastsinns, der Gerüche und Geräusche ab" (ebd.: 186). In diesem Atmosphärenverständnis klingen synästhetische Übertragungswege von Bedeutungen an. Weit darüber hinaus, was am Bild (zum Beispiel einer speziellen Garage) zu „sehen" ist, explizieren ins Bild gesetzte Atmosphären im Sinne von Hermann Schmitz ganzheitlich verklammerte Bedeutungen, die in Situationen nisten. Atmosphären übertragen sich in ihrer Gefühlsqualität ins individuelle leibliche Befinden. Deshalb sind Atmosphären besondere Herausforderungen für die fotografische Autopsie städtischer Räume.

Fotografien erklären nichts wie eine expressis verbis formulierte Aussage; aber sie deuten in der Bezeugung eines Realkontakts auf das situative und temporäre „Auftauchen" von Wirklichem. An den Bildern von Garagen treten in diesem Sinne Bedeutungen hervor, die alltagsweltlich eine

9

bestenfalls beiläufige Aufmerksamkeit finden. Von ästhetisierten Garagenbauten abgesehen, repräsentieren sie scheinbar allein Nebensächliches, das dennoch in den westlichen, spätmodernen Gesellschaften symbolische Knoten im kulturellen Nervensystem bildet. Im Spiel mit dem Infra-Gewöhnlichen rückt etwas Subtiles in den Fokus. Roland Barthes (1985: 68) verstand es als eine „Art von subtilem Abseits, als führe das Bild das Verlangen über das hinaus, was es erkennen läßt".

In diesem „Abseits" liegt auch das Punctum der diesen Beitrag begleitenden Garagenbilder. Während das Automobil im Medium des fotografischen Bildes zum kulturindustriellen Fetisch stilisiert wird und im schönen Schein der Ästhetisierung seinen höchst banalen und seriellen Formatierungscharakter zugleich verbirgt, verlieren sich die Garagen – wenn nicht in Gänze, so doch im Großen und Ganzen – in einem Nebel des Beiläufigen. Sie existieren als gewöhnliche Hüllen für Fahrzeuge. Darüber hinaus scheinen sie keine Bedeutung zu haben, weshalb sie oft in ihrem So-da-sein kaum Beachtung finden. Dass es daneben auch gleichsam quasi-religiös aufgeladene Bauten gibt, die den kulturellen Fetischcharakter des Automobils nur prolongieren, versteht sich aus der variationell unendlichen Mannigfaltigkeit eines Architekturtyps. Notwendig überhöhen die Bilder, was sie verbergen. Schon darin reklamiert sich die AbBILDung dessen, was denkwürdig werden soll. Sie lässt die Dinge in der Zeit mit ihrer Existenz im Raum zusammenstoßen und zu einer Sache des Bedenkens werden. Und so merkte Minkowski (1971: 87) an: „Der Gedanke der *raum-zeitlichen Solidarität* drängt sich uns immer mehr auf. Zugleich sehen wir das einstweilen noch entfernte Problem des gelebten Raumes auftauchen, des Raumes [...] den die Zeit in sich trägt, den sie im höchsten Grad belebt und mit aller ihr eigenen Beweglichkeit und Dynamik erfüllt."

Die Garagenfotografien zeichnen sich insofern durch eine gewisse „Mensch-Ferne" aus, als sie auf ihre Gegenstände reduziert sind, bestenfalls ein Fahrzeug noch zeigen, das als Artefakt auf den Gebrauchszweck der Bauten verweist.

Das im Bild nicht Sichtbare, aber Spürbare provoziert die Suche nach Bedeutung, Identität und Differenz in einem Hintergründigen, das sich jeder direkten Verbildlichung entzieht. So erscheinen auch die Garagen in der Bildserie dieses Beitrags viel weniger als das, was sie tagtäglich sind, denn als eine gesellschaftliche Signatur, in der höchst komplexe Beziehungen zwischen Selbst und Welt zum Ausdruck gelangen.

Die Methode ihrer fotografischen Inszenierung erinnert an den Stil des italienischen Fotografen Gabriele Basilico oder Hilla und Bernd Becher. Sie zelebrieren einen gewissen Formalismus, den Boris von Brauchitsch (2002: 241) oft auf der Kippe zum Absurden wie zur Komik sieht. Auch

im Zentrum dieser Arbeiten stehen die Dinge in ihrer Banalität und Infra-Gewöhnlichkeit – trotz mitunter unübersehbarer Exzentrik – auf einem Grat. Die isolierten Ansichten verweisen geradezu immersiv auf eine verborgene Tiefenschicht, auf der eine Aura des Einfachen zur Erscheinung kommt. In ihrem Milieu werden die Dinge fragwürdiger, als stünden sie in der Mitte menschlichen Lebens. So spricht von Brauchitsch bei Arbeiten im Stile Bechers treffend von einem monumentalen Detailreichtum, „ohne dass es ‚etwas zu sehen' gegeben hätte" (241).

Fotografische Mikrologien

Mit dem Begriff der fotografischen Mikrologien will ich ein Bildgebungsprogramm umreißen, das zwei Merkmale aufweist: Zum einen folgt es der Methode einer sich ins Detail vertiefenden Fotografie. Ohne diese Vertiefung kann die Autopsie vermeintlicher Oberflächen im Erscheinen eines architektonischen Objekts nicht gelingen. Die Mikrologie dient deshalb auch weniger der Visualisierung eines Themas als dessen Veranschaulichung. In der Anschauung des Bildes wird lebendig, was über seine Visualität hinaus in einem multisensoriellen Verständnis über atmosphärische Erlebnisqualitäten eines Orts kommunizierbar ist. Der Anspruch, das Banale zum Thema zu machen, wird durch das Programm der Serie unterstützt. Mikrologien zielen aufs Kleine (Bedeutung der Vorsilbe „Mikro") und streben, indem sie als „logie" entworfen sind, eine gewisse Form der „Kunde" an. So soll die hier gemeinte Mikrologie als eine „Erkundung des Kleinen", Einzelnen, darin aber Besonderen verstanden werden.[6] Auch deshalb lässt sich die phänomenologische Stadtforschung als eine mikrologische Methode verstehen.[7]

Was die „Autopsien" bedenklich machen, deckt ein weit größeres Feld ab als das, was der sprichwörtlich „erste Blick" zu erfassen vermag. Eine gelingende Praxis der Methode setzt eine Details gegenüber sensible und aufgeschlossene Achtsamkeit der Wahrnehmung ebenso voraus wie die nachdenkliche und nachdenkende Sorgfalt im Umgang mit dem Entdeckten. Zugleich ist die Schärfung der Aufmerksamkeit aber auch das Ziel der Methode der Mikrologien. Aufgeschlossenheit impliziert in diesem Sinne die spontane Reflexion dessen, was zur Erscheinung kommt – an den Dingen, Situationen, aber auch am eigenen Sein *mit* alledem. Die phänomenologische Autopsie erfordert das selbst-hinsehende und -hinspürende Finden von Mustern (nicht nur) in der urbanen Welt, die sich in einer beinahe endlosen Vielfalt und Verfugung vernetzter Details auflösen.

Beispiele für fotografische Mikrologien bietet die Geschichte der Fotografie in thematisch großer Breite. Der Vergleich wichtiger Arbeiten könnte schnell zeigen, dass es in der Frage der erkenntnistheoretischen Freisetzung von Bedenklichkeit im produktiven Sinne meist nicht auf das einzelne (visuelle) Bild ankommt, sondern auf dessen Kontextualisierung – mit anderen Worten auf ästhetische Ordnungen und methodische Arrangements.[8]

Das Programm der Fotografie

Dem methodischen Arrangement der Fotografie liegt ein Programm zugrunde. Schon in Vilém Flussers Philosophie der Fotografie rückt das des Apparats und seine Macht im Prozess der Bildgebung ins Zentrum. Zu Recht legt er dar, in welcher Weise der Prozess des Fotografierens vielfältig ineinander verschachtelten Programmen folgt – zum einen denen eines maschinistischen Determinismus, zum anderen aber auch einem Programm „der Fotoindustrie, des Industrieparks, des sozioökonomischen Apparats" (Flusser 1991: 43). Damit zeigt Flusser wichtige Perspektiven einer Kritik der Fotografie auf. Er versäumt es jedoch, die bildgebende Praxis des Fotografen ihrerseits explizit als Ausdruck von Programmen zu betrachten. Aber in der Sache geht es ihm genau um diese gleichsam persönlichen Programme: „Inwieweit ist es dem Fotografen gelungen, das Apparateprogramm seiner Absicht zu unterwerfen, und dank welcher Methode?" (ebd.) Im Wissen um die Existenz und Arbeit „guter" Fotografen resümiert er: „Selbstredend gibt es solche ‚guten' Fotografen, in denen der menschliche Geist über das Programm siegt" (ebd.). Was er hier mit dem Willen, einer geistigen Beziehung oder der menschlichen Absicht umschreibt, sind selbst nur Programme.

Der alltagssprachliche Programmbegriff ist eher diffus und erfasst nur unscharf, worum es im Zentrum des auch von Flusser verwendeten Programmverständnisses geht. Eingebunden in ein philosophisches System entwickelt Hermann Schmitz einen Programmbegriff, der sich auf einem situationstheoretischen Hintergrund erschließt. Mit dem Begriff der Situation ist zunächst etwas Zusammenhängendes und Verfugendes gemeint. Nach Hermann Schmitz (2003: 89) ist eine Situation durch einen ganzheitlichen Zusammenhang von Bedeutungen gekennzeichnet, die auf drei Ebenen vorkommen: (a) der Ebene der „Sachverhalte (daß etwas ist, überhaupt oder irgendwie), (b) der Programme (daß etwas sein soll oder möge) und (c) der Probleme (ob etwas ist)". Situationen bestehen mindestens aus Sachverhalten, oft auch aus Programmen und Problemen.[9]

Wenn es Aufgabe der Philosophie der Fotografie ist, „über die Möglichkeit der Freiheit – und damit der Sinngebung – in einer von Apparaten beherrschten Welt nachzudenken" (Flusser 1991: 74), so muss sie sich im Wesentlichen auf die kritische Produktion und Reflexion von Bildgebungsprogrammen konzentrieren. Diese konstituieren sich stets im Rahmen einer persönlichen Situation, aber auch vor dem Hintergrund gemeinsamer (gesellschaftlicher, presserechtlicher, massenmedialer, denkmalschutzrechtlicher etc.) Situationen. Ein kritisches Verhältnis zur Arbeit der Bildgebung setzt deshalb voraus, die zugrunde liegenden Situationselemente der Bildgebung wie der Bildnahme kritisch zu reflektieren. Die Fotografie wird damit zu einem Fragen weckenden Medium.

Das fotografische Bild – ein aporetisches Medium

Wenn es auch kein authentisches Bild im Sinne einer „Abbildung" von Realitäten gibt, so kann die Fotografie den Blick hinter bzw. „unter" die Oberfläche ihrer Bilder doch provozieren, erleichtern und anbahnen. Die ästhetische Form der *Serie* bietet sich in diesem Sinne als eine Methode der produktiven Irritation, als Medium der Weckung von Denkwürdigkeit im Heidegger'schen Sinne an. Die Stiftung von Denkwürdigkeit ist aber nicht nur von der Methode der Darstellung abhängig, sondern auch von der Art der abgebildete Gegenstände. So finden in der Serie dieses Beitrages nicht Objekte der „großen" Architektur wie Theater, Oper, Rathaus, Parlamentsgebäude, Gerichtspalast und Gefängnis Beachtung, sondern mit der Garage infra-gewöhnliche Bauten des täglichen Lebens.

Nun weist Hubert Damisch (2002: 138) aber kritisch darauf hin, „daß das fotografische Bild unter allen Bildern und abgesehen von seinem dokumentarischen Wert dasjenige ist, das sich am schnellsten *abnutzt*". Im Vergleich zu Gemälden scheint dies daran zu liegen, dass es vielen Fotografien an einer Aura mangelt. Was Walter Benjamin (1963: 15) an der Aura festmachte, hat ja den Charakter einer Hülle, die einen *nicht*-reproduzierten Gegenstand umgibt. Damit kommt der Aura ein spezielles Moment des Atmosphärischen zu, das mehr spürbar als sichtbar wird. Die Fotografie ist aber nicht a priori zu einer „niedereren" auratischen Ausdruckswirkung gleichsam verurteilt als das Gemälde. Es hängt wesentlich von der atmosphärischen Potenz eines Bildes ab und nicht allein und in erster Linie von einer wie auch immer legitimierten „Originalität" eines einmaligen Exemplars, inwieweit sich eine potenziell affizierende atmosphärische Ausdrucksmacht entfalten kann. Die Fotografiegeschichte bietet eine ganze Reihe von Arbeiten, denen diese Wirkung nicht abgesprochen werden kann. Benjamin hebt selbst das fotografische Werk von Eugène Atget hervor, dem diese spezifische Suggestivität eigen war. Unter den methodischen Formen der Bildpräsentation sticht die Serie als eine Art der Kontextualisierung hervor, die auf eine ihr eigene Weise geeignet ist, Denkwürdigkeit zu stiften – im deutlichen Unterschied zum narrativen Stil bei John Thomson.

Das ästhetische Potenzial der Serie

Der ästhetische Effekt der Serie von Garagen liegt in der „Modifikation des Gleichen". Mit der offenen und im Prinzip unendlichen Reihe sollen sich Unterschiede innerhalb eines architektonischen Bautyps gleichsam von selbst thematisieren (Gehring 2002: 49). Nach Ulrike Gehring basiert eine Serie „auf der Wiederholung einzelner Module, die in einem inhaltlichen, formalen oder ästhetischen Kontext zueinander stehen". Die Serie „ist von indexikalischer Struktur und in der Folge beliebig teil- oder erweiterbar" (ebd.: 41). Sie fordert das Unterscheidungsvermögen heraus, lässt sich aber nicht aufs genaue Sehen beschränken.

Wenn Benjamin Beil et al. (2012: 10) herausstellen, die Ästhetik der Serialität folge der maschinistischen Logik der Moderne, so drückt sich darin eine verkürzte Sicht aus. Viel eher bringt sich die Figur der Serie auf anthropologischem Niveau bereits in der Übung zum Ausdruck. Schon im Üben aufrechten Gehens folgt das Kleinkind einer schier endlosen Serie der Bewegungen, die erst nach der immer besseren Wiederholung zu einem einverleibten Können werden. Alle Übung basiert auf Wiederholung und Variation des Ähnlichen.[10]

Die Serie fordert die ästhetische Aufmerksamkeit im Sinne einer gleichsam springenden Mimesis heraus. Sie steht damit zwischen Wissenschaft und Kunst und verlangt ein Wissen um den Gegenstand und das sich in ihm Repräsentierende. Sie verlangt zugleich pathisches wie kreatives Vermögen ästhetischer Sensibilität für das Punctum der Fälle wie den ästhetisch geregelten Abstand zwischen den Fällen, die als Elemente eine Serie bilden. Den ästhetischen Mustern abweichungsfreundlicher Ähnlichkeit eignet der Charakter einer Unabschließbarkeit (ebd.: 11). Was sichtbar wird, fordert zur Fortsetzung ins Offene heraus.

Die Garagenfotografien heben die Distanz auf, in der wir gegenüber dem Erscheinen des Gewöhnlichen in der gelebten Zeit wie im gelebten Raum festsitzen. Was im Erleben stets diachronen Charakter hat, wird vom seriellen Bild nicht nur fixiert, sondern in der Dauer der Zeit (im Modus der Aufmerksamkeit) gedehnt. Darin gärt der aporetische Charakter des Infra-Gewöhnlichen. Er konzentriert sich nun in zweifacher Weise: in der Dauer des fixierten Bildes wie in der variierten Wiederkehr des Immer-Gleichen. Wenn das Immer-Gleiche im Allgemeinen auch allzu schnell in den Sog der Protentionen gerät, so kommt die Serie der Langeweile doch zuvor. Das zwischen einzelnen Bildern Ähnliche suggeriert sich nie als etwas Steriles oder Statisches. Die Form der Serie kontextualisiert. Die individuellen Bilder kommen als Ausdruck gelebter Gesichter zur Anschauung – als Häute von Dingen, die in der Dynamik abgründiger Geschichten vital geblieben sind. Scheinbar tote Dinge wie Garagen sind darin lebendig, dass sie Abdrücke ihres Gebrauchs zu erkennen geben, Zeichen der Witterung sowie Spuren einer Alterung, die kontinuierlich in den Verfall mündet.

Damit mahnt sich das Denken der Zeit an.[11] Die Fotografie thematisiert die Zeit. Sie unterbricht nicht das Werden des Wirklichen, aber sie schneidet einen Moment aus dem Fluss des Wandels heraus, um ihn vor der Zeit zu schützen. Darin liegt ein Grund der Faszination, die Fotografien in ihrem Realität suggerierenden Abbildcharakter auf uns ausüben. Sie sind wie Fenster in eine verflossene Zeit, in der sie beharren. Daraus erwächst auch ihr heterochroner Charakter. Während sich alles unaufhaltsam verändert, beeindruckt das Bild durch einen unwirklichen Stillstand, der noch gegen die basalen Prozesse der Natur opponiert. Und so bergen sie ein subversiv aufschreckendes Potenzial.

Die gelebte Zeit des Werdens, wie sie Minkowski versteht, ist unaufhebbar mit dem gelebten Raum vernetzt, wie ihn Karlfried Graf von Dürckheim thematisiert. Was die zur Serie verbundenen Garagenbilder zur Anschauung bringen, ist zwischen der gelebten Zeit und dem gelebten Raum eingeklemmt. Was im Wandel der Zeit als Werden im Gesicht der

Artefakte zur Anschauung kommt, erscheint in der Erlebnisgestalt räumlich ausgedehnter Atmosphären im gelebten Raum. Die Aura des Einfachen, die das Gesicht der infra-gewöhnlichen Dinge prägt, spitzt sich in dieser Dualität zu und macht stutzen, um das Denken mit seinem Schatten im Heidegger'schen Sinne zu konfrontieren: mit dem Bedenklichen, dem Unsicheren, dem Dunklen, Drohenden, Finsteren und Widrigen (Heidegger 1997: 11).

Die Fotografien von Garagen spielen in der seriellen Präsentation des Immer-gleichen mit einer doppelten Variation: erstens einer sich tendenziell ins Beliebige verlierenden Vielfalt architektonischer Dinge und zweitens einer atmosphärischen Variation affizierender Ansprachen, die auf das Erscheinen der Objekte und damit auch ihre fotografische Inszenierung zurückgehen. Es gibt atmosphärische Familienähnlichkeiten der Dinge, die kulturindustriell formatiert sind, aber auch eine sich jeder systemischen Sprache entziehende Ästhetik. Es gibt schließlich kulturell geprägte Wahrnehmungsmuster, die sich historisch zu immer neuen Gruppen bilden. Die Garagenfotografien verweisen deshalb nicht nur auf den Prozess einer fließenden gesellschaftlichen Produktion ästhetischer Dispositive, sondern zugleich auf einen unbeherrschbaren und nicht-intendierten Wandel sowie eine sich mehr in Sprüngen als kontinuierlich verändernde Bildrezeption, sowohl in sinnlich-spürender als auch in nachdenkend-verstehender Hinsicht.

Fotografien sind Medien der Resonanz im Sinne Hartmut Rosas. Sie explizieren Wahrnehmungen mit ästhetischen Mitteln. Deshalb können sie auch nicht in einem linearen Sinne als „Registrierungen" aufgefasst werden. Vielmehr spiegeln sie mimetische Vermögen einer pathischen Einlassung auf etwas Begegnendes wider. „Resonanzen sind Ergebnis und Ausdruck einer spezifischen Form der Beziehung zwischen zwei Entitäten, insbesondere zwischen einem erfahrenden Subjekt und begegnenden Weltausschnitten" (Rosa 2016: 633). Die Resonanz eines erlebenden und darin wahrnehmenden Menschen ist nicht vergleichbar mit der Resonanz eines physischen Stoffes. Resonanz setzt ein „schwingungsfähiges Medium" (ebd.: 285) voraus. Die Fotografie ist ein solch schwingendes Medium, insofern sie den Prozess der Gewahrwerdung einer ganz spezifischen Mensch-Umwelt-Beziehung unterstützt. Methodische und thematische Ausrichtungen spielen dabei lenkende Rollen. In seiner „Soziologie der Weltbeziehungen" versteht Rosa „Resonanz" auch als einen *leiblichen* Prozess vieldimensionaler Kommunikation, in dem sich „physische, soziale, emotionale und kognitive Bedeutungen konstitutiv überlagern" (ebd.: 83). Nicht nur dem wahrnehmenden Subjekt, sondern auch dem erscheinenden Objekt wird eine gewisse Lebendigkeit des Ausdrucks zuerkannt.

Nicht-subjektivistische Perspektiven

Jede Fotografie ist Ausdruck einer Perspektive. Sie ist es im eigentlichen Sinne, die sich im Bild „dokumentiert“ und viel weniger das Abgebildete. So lässt sich die Fotografie auch als eine Methode der Autopsie der Dinge verstehen, die sich der Möglichkeit der Objektivität von vornherein entzieht. Immer kommen die Dinge *perspektivisch* ins Bild. Schon die Bedingungen ihres Erscheinens (im natürlichen Licht) disponieren eine Perspektive, ohne dass diese der Mitwirkung eines Fotografen bedürfte. Aber sie ist auch an den Moment der Aufnahme gebunden. Auch diese Perspektive fällt nur bedingt in den gestalterischen Zuständigkeitsbereich der Kunst, weil die Dinge von selbst ihren Lauf nehmen; und so ist eine Fotografie nach Frederick H. Evans (1999: 234) schon deshalb im Sinne des Einmaligen „individuell“, weil sie noch nicht einmal unter standardisierten Bedingungen des Apparats ein zweites Mal wiederholt werden könnte.

Die hier gezeigten Bilder von Garagen konfrontieren mit Perspektiven im Sinne eines mehrschichtigen Modells: Zum einen sind sie Ausdruck des Stils fotografischer Annäherung. Aber sie sind auch Ausdruck einer gleichsam perspektivischen Architektur: sie geben sowohl einem nüchternen, praktischen Verhältnis zum Automobil als auch dessen geradezu fetischisierender Ästhetisierung ein Gesicht. Schließlich sind sie „nur“ Ausdruck einer allgemeinen ästhetischen Haltung gegenüber dem, was Menschen um sich herum in bestimmter Weise gestalten und geschehen lassen. Darin sind sie Psychogramme im öffentlichen und halb-öffentlichen Raum. Und nicht zuletzt erzählen sie Geschichten von der Historizität des Gebauten.

Zum repräsentationstheoretischen Gehalt des fotografischen Bildes

Wenn der dokumentarische Anspruch – zumindest in Theoriediskursen zur Fotografie – auch weithin überwunden ist, so beharrt die Frage, was die Fotografie in welcher Weise repräsentiert, mit anderen Worten, wie sie etwas „Wirkliches in Bildliches“ (Solomon-Godeau 2003: 53) übersetzt. Dieser Prozess darf aber nicht auf (1) den Akt der technischen Produktion verkürzt werden. Die Übersetzung wird (2) daneben durch die method(olog) ische Haltung des Fotografen in bestimmte Richtungen gelenkt. Auf einem gesellschaftlichen Niveau (3) wirken die kulturindustriellen Dispositive auf den sozialen Prozess der Bildproduktion wie -rezeption ein. Schließlich werden die massenmedialen Bilder (4) in einem gigantischen ökonomischen Distributionsmaschinismus (5) der individuellen Rezeption zugänglich gemacht

– gleichsam zwischen aporetischer Pointierung und abgenutzter kulturindustrieller Inszenierung.[12]

Jede Fotografie läuft auf eine „Entstellung" aus dem Rahmen einer Situation hinaus. Deshalb kann auch kein Authentizitätsanspruch, der am sichtbar gemachten Gegenstand eines Bildes festgemacht wird, der kritischen Prüfung standhalten. Dass derweil das in diesem Sinne Nicht-Authentische gleichwohl authentische Empfindungen wachrufen kann, macht darauf aufmerksam, dass es in der Frage authentischen Erlebens nicht auf Authentizität im Sinne „tatsächlicher" Identität mit einem Existierenden ankommt, sondern allein auf die leiblich unbedingt ergreifende Macht der Gefühle.[13]

Roland Barthes überschreitet in seiner Theorie der Fotografie von Anfang an die Grenze der Sichtbarkeit. Die Essenz eines Bildes kann in seiner Theorie gar nicht „sichtbar" werden, weil sich für ihn das Wesen der Fotografie vom „Pathetischen" nicht trennen lässt (Barthes 1985: 30). Zwar wird auch für ihn im Bild in einem optischen Sinne etwas sichtbar, aber dies verweist im Sinne eines Rätsels doch nur auf etwas Hintergründiges von sinnlicher und emotionaler Potenz. Deshalb bedient er sich der Metapher der Wunde. Dieses synästhetische Denkbild thematisiert jene Interferenzen, die zwischen Sehen und Fühlen, Bemerken, Betrachten und Denken den Prozess des Bilderlebens bestimmen (ebd.).

Nach Barthes (ebd.: 49) ist eine Fotografie letztlich erst dann subversiv und Aufmerksamkeit weckend, wenn sie nachdenklich macht. Nachdenklichkeit mag sich am vordergründig Sichtbaren entzünden; sie vertieft sich aber nicht im Metier der Oberflächen. Dazu bedarf es der Autopsie hintergründiger Bedeutungen, die erst gehoben werden wollen. Deshalb liegt die Pointe der (gelungenen) Fotografie nach Barthes auch in deren Punctum.

Bibliografie

Barthes, Roland: *Die helle Kammer. Bemerkung zur Photographie* [1980], übersetzt von Dietrich Leube. Frankfurt a. M. 1985.

Baudelaire, Charles: „Die Fotografie und das moderne Publikum" [1859]. In: Kemp, Wolfgang (Hg.): *Theorie der Fotografie III. 1945–1980.* München 1983, S. 110–113.

Becker, Ilka: *Fotografische Atmosphären. Rhetoriken des Unbestimmten in der zeitgenössischen Kunst.* München 2010.

Beil, Benjamin et al.: „Die Serie. Einleitung in den Schwerpunkt". In: *Zeitschrift für Medientheorie* 7, Heft 2/2012, S. 10–16.

Benjamin, Walter: „Das Kunstwerk im Zeitalter seiner technischen Reproduzierbarkeit" [1936]. In: ders.: *Das Kunstwerk im Zeitalter seiner technischen Reproduzierbarkeit.* Frankfurt a. M. 1963, S. 7–44.

Damisch, Hubert: „Fünf Anmerkungen zu einer Phänomenologie des fotografischen Bildes". In: Wolf, Herta (Hg.): *Paradigma Fotografie. Fotokritik am Ende des fotografischen Zeitalters,* Bd. 1. Frankfurt a. M. 2002, S. 135–139.

Delaborde, Henri: „Die Fotografie und der Kupferstich". In: Kemp,Wolfgang (Hg.): *Theorie der Fotografie I. 1839–1912.* München 1983, S. 129–133.

Dürckheim, Graf Karlfried von: *Untersuchungen zum gelebten Raum* [1932]. Hg. von

Jürgen Hasse, mit Einführungen von Jürgen Hasse, Alban Janson, Hermann Schmitz und Klaudia Schultheis (= Natur – Raum – Gesellschaft, Bd. 4). Frankfurt a. M. 2005.

Evans, Frederick H.: *Apologie der reinen Fotografie* [1900]. In: Kemp, Wolfgang (Hg.): *Theorie der Fotografie I. 1839–1912.* München 1999, S. 230–234.

Flusser, Vilém: *Für eine Philosophie der Fotografie* [1983]. Göttingen 1991.

Foucault, Michel: *Dispositive der Macht. Über Sexualität, Wissen und Wahrheit.* Berlin 1978.

Gehring, Ulrike: „Das Prinzip der Serie in der zeitgenössischen Architekturfotografie". In: Adriani, Götz (Hg.): *In Szene gesetzt. Architektur in der Fotografie der Gegenwart.* Ostfildern 2002, S. 41–42.

Gurvitch, George: „Mikrosoziologie". In: Bernsdorf, Wilhelm (Hg.): *Wörterbuch der Soziologie.* Stuttgart 1969, S. 692–695.

Hasse, Jürgen: *Der Leib der Stadt. Phänomenographische Annäherungen.* Freiburg/München 2015.

Hasse, Jürgen: *Die Aura des Einfachen. Mikrologien räumlichen Erlebens. Band 1.* Freiburg/München 2017.

Haus, Andreas: „Fotografie und Wirklichkeit". In: Amelunxen, Hubertus von (Hg.): *Theorie der Fotografie IV. 1980–1995.* München 2000, S. 89–93.

Heidegger, Martin: *Was heißt Denken?* [1951/52]. Tübingen 1997.

Löffler, Petra und Kathrin Peters: „Aufzeichnen. Einleitung in den Schwerpunkt". In: *Zeitschrift für Medientheorie 3*, Heft 2/2010, S. 10–13.

Minkowski, Eugène: *Die gelebte Zeit. I. Über den zeitlichen Aspekt des Lebens* (zuerst 1933). Ins Deutsche übersetzt von Meinrad Perrez und Lucien Kayser. Salzburg 1971.

Pörksen, Uwe: *Weltmarkt der Bilder. Eine Philosophie der Visiotype.* Stuttgart 1997.

Rosa, Hartmut: *Resonanz. Eine Soziologie der Weltbeziehungen.* Berlin 2016.

Schmitz, Hermann: *Was ist Neue Phänomenologie? Studien zur Neuen Phänomenologie*, Bd. 8. Rostock 2003.

Solomon-Godeau, Abigail: „Wer spricht so? Einige Fragen zur Dokumentarfotografie". In: Wolf, Herta (Hg.): *Diskurse der Fotografie. Fotokritik am Ende des fotografischen Zeitalters.* Frankfurt a. M. 2003, S. 53–74.

Sontag, Susan: *Über Fotografie.* Frankfurt a. M. 1980.

Thomson, John: *Street-Life in London* [1876]. Reprint mit einem Nachdruck der englischen Kommentare von John Thomson und Adolphe Smith. Dortmund 1981.

Von Brauchitsch, Boris: *Kleine Geschichte der Fotografie.* Stuttgart 2002.

Wolf, Herta: „Das Denkmälerarchiv Fotografie". In: dies. (Hg.): *Paradigma Fotografie. Fotokritik am Ende des fotografischen Zeitalters*, Bd 1. Frankfurt a. M. 2002, S. 349–375.

Anmerkungen

1 Baudelaire behauptet zum Beispiel 1859, die Fotografie führe zur „weiteren Verarmung des ohnehin schon seltenen künstlerischen Genies in Frankreich"; Baudelaire 1983, S. 111.

2 Zur grundlegenden Darstellung des phänomenologisch-erkenntnistheoretischen Programms der „Mikrologien" vgl. auch Hasse 2017.

3 Nur verhindert dies eben nicht die Fälschung und Zuschreibung kontrafaktischer „Realitäten". Das „wahr" gemachte Bild vermeintlicher Giftgasanlagen im Irak, das der Legitimation des Zweiten Golfkriegs diente, steht beispielhaft für eine äußerst lange Kette in diesem Sinne Realität suggerierender, missbräuchlicher Praktiken der Fotografie.

4 Weit unterhalb ethisch illegitimer Methoden der Produktion und Distribution des fotografischen Bildes ist schon die „Aufnahme" des Dreidimensionalen in ihrer Transformation in die Zweidimensionalität Grund genug für den Abbau überhöhter Wahrheitserwartungen. Suggestive Versprechen postmodern-postkritischer Produktions- und Rezeptionskulturen bleiben uneinlösbar; vgl. auch Löffler/Peters 2010, S. 10.

5 Prinzipiell findet Manipulation mit den Mitteln des Bildes in allen Themen statt, in denen sich die Fäden politischer Machtkalküle kreuzen. So zeigt die Tagesschau seit Jahren zur Illustration der Luftverschmutzung durch Kraftwerke farbige Fotografien von Kraftwerkskondensatoren, aus denen Wasserdampf aufsteigt. Wenn dieser zudem im Gegenlicht der untergehenden Sonne in rötlicher Färbung erscheint, sind Assoziationen von Gift und Schwefel in der Sache so falsch wie lebensweltlich naheliegend und offensichtlich auch erwünscht.

6 Seit den 1930er Jahren taucht der Gedanke der Mikrologien auch in der methodologischen Struktur der Soziologie auf – als Mikrosoziologie, vgl. Gurvitch 1969, S. 693. Im Sinne einer Art „Tiefensoziologie" strebte sie Erkenntnisse aus dem Studium mikrosozialer Elemente an.

7 Die sich daraus ergebenden methodologischen Konsequenzen habe ich an anderer Stelle diskutiert; vgl. Hasse 2016.

8 So geben die von August Sander im frühen 20. Jahrhundert angefertigten Porträtserien Einblicke in die Gesellschaft jener Zeit. Das einzelne Bild ging erst in der Folge der Variation des Besonderen auf. Auch Alfred Stieglitz hatte viele seiner Arbeiten dem Thema der Stadt gewidmet und hohe Sensibilität in der Veranschaulichung urbaner Atmosphären bewiesen. Zweifellos müssen diese Werke als epochale Beiträge zu einer fotografisch-mikrologischen Autopsie der Stadt angesehen werden. Ähnliches ließe sich für das Lebenswerk von Eugène Atget, Berenice Abbott oder – in neuerer Zeit – die „Düsseldorfer Schule" um Bernd und Hilla Becher sagen. Allen ist eigen, dass sie sich der Serien bedient haben, um zur Anschauung zu bringen, was das einzelne Bild nur zu visualisieren vermag. Eines der wohl anspruchsvollsten mikrologischen Bildgebungsprogramme geht auf das letzte Viertel des 19. Jahrhunderts zurück, das im besten Sinne mikrologische Projekt „Street-Life in London" mit Bildern von John Thomson und ausführlichen textlichen Erläuterungen von Adolphe Smith (Thomson 1981). Indes muss John Thomson in der gleichsam „nackten" Fotografie ohne konnotative Kontextualisierung einen schwerwiegenden Mangel gesehen haben. Und so hatte er das Bild – als mikrologisierend-autopsierenden „Schnitt" in die sozialen Realitäten seiner Zeit – mit ausführlichen sozialkritischen Kommentaren verbunden. Das zeugt auch von einem ausgeprägten Sinn für die Grenzen der Sichtbarkeit. Der serielle Verbund von Bild und erläuterndem Text lässt sich am treffendsten als situationstheoretische Explikation beschreiben.

9 Innerhalb seiner systematischen Binnendifferenzierung des Situationsbegriffs unterscheidet Schmitz weiter zwischen gemeinsamen und persönlichen Situationen. Auf der Ebene der *persönlichen* Situationen sind bewusst gemachte Bildgebungsprogramme anzusiedeln, die aus dem Rahmen gesellschaftlicher Bilderwartungen (Protentionen) etwa in Gestalt von Visiotypen ausscheren, zum Beispiel um etwas zur Anschauung zu bringen und denkwürdig zu machen. Die massenmedial ideologisierende Produktion, Distribution wie kulturindustriell formatierte Rezeption von Bildern folgt dagegen der Logik ästhetischer Dispositive, deren Machtentfaltung den Sog gemeinsamer Situationen voraussetzt. In diesem Sinne gemeinsame Situationen schafft die Kulturindustrie mit ikonografischen Produktions- und Rezeptionsprogrammen, wodurch ein Bild erst zu einem berechenbaren Medium leiblicher Kommunikation wird. Suggestive Bildbotschaften vermitteln sich in aller Regel über die affizierende Zudringlichkeit der unaussprechlichen Ganzheit von Atmosphären.

10 Auch die natürlichen Wellenbewegungen des Meeres folgen dem Prinzip der Serie, einer Serie ohne Autor. Keine Bewegung gleicht der anderen, aber alle stehen in einem Verhältnis der Ähnlichkeit zueinander. Zur Erwartbarkeit einer bestimmten Breite der Variation gehört die Abweichung ins Diffuse und Flüchtige wie ins Ekstatische. So verliert sich die Welle zum einen tendenziell im seichten, flachen und weichen Dahinrollen der Strömung; zum anderen explodiert sie als Form aber auch in einer Selbstüberschreitung regelmäßigen Auf- und Ausrollens, wenn sie der tobende Orkan donnernd in den Himmel peitscht.

11 Für Minkowski ist die Zeit das *Werden* (vgl. Minkowski 1971, S. 26), das sich im Wandel vollzieht. „Es ist universell und unpersönlich, was es dem Chaos anheimstellt" (ebd.). So umfasst es nicht nur den Wandel der Dinge, sondern auch die Transformation des Selbst. Darin liegt der Grund, weshalb wir nach Minkowski „nie in Bezug auf das Werden die nötige *Distanz* zu erreichen imstande sind, um aus ihm ein Objekt unserer Erkenntnis zu machen. Es ist uns dazu *zu nahe*" (ebd.: 27). Das Werden ist permanent und geht noch über den Tod hinaus, entzieht sich nur dann jeden Bewusstseins.

12 Der „Verlust der Autorität des dokumentarischen fotografischen Bildes" (von Brauchitsch 2002, S. 247) macht die Debatte um Authentizität indes nicht überflüssig. Als authentisch kann auch angesehen werden, was es im Moment der Fotografie im Milieu eines Wirklichen gegeben hat, wenn sich diese Wirklichkeit der singulären „Identifizierung" auch entzieht.

13 Ich habe dieses Thema an anderer Stelle ausführlicher diskutiert, vgl. Hasse 2015, Kapitel 6.

Städte fotografieren

Philipp Sarasin

Das Jahr 2008 war ein stiller, aber entscheidender Umschlagspunkt in der Geschichte der Menschheit: Seither lebt die Mehrheit der Erdbevölkerung in Städten. Auch wenn die Stadt als gebaute Welt, als Architektur und als sozialer, politischer und kultureller Raum mich schon zuvor fasziniert hat, löste diese Nachricht in mir etwas aus. Ich begann, Städte zu fotografieren. Ich bin zwar Historiker, aber in diesem Fall ging es mir entschieden um die Gegenwart, um das Heute: Wie sehen diese Orte aus, in denen wir leben – weltweit, im Vergleich, dort, wo sie gerade neu gebaut werden, dort, wo sie wachsen, dort, wo Urbanität neu erfunden wird?

Ich bin viel gereist seither (nicht nur, aber auch wegen der Fotografie und immer fotografierend), nicht ohne schlechtes Gewissen wegen dem vielen Flugbenzin, das dabei verbrannt wird, aber eben zugleich profitierend von der Tatsache, dass die Städte der Welt so vernetzt geworden sind in den letzten Jahren. Ich war in New York, Los Angeles, Las Vegas und Chicago, in Panama, Peking, Schanghai, Jinan, Bangkok, Jakarta, Colombo, Chennai, Mumbai, Dubai, Durban, Johannesburg, Kapstadt, Nairobi, Kairo, Casablanca, Istanbul und Moskau, dazu in Warschau und einigen anderen europäischen Städten. Und ich werde noch in weitere Städte reisen, um sie zu fotografieren.

Fotografieren ist eine Form, die Welt zu begreifen. Das ist nicht leicht. Die urbane Welt, die Welt vor allem der Megacities, der Stadtlandschaften mit bis über 20 Millionen Menschen wie Mumbai, Jakarta oder Kairo, ist chaotisch, unfassbar. Sie ist zu groß und zu komplex für alle Wahrnehmungsweisen visueller oder intellektueller Art, die einem als Europäer von Haus aus zur Verfügung stehen. Die *global cities* sind nicht nach dem Muster von Siena oder Krakau gebaut, mit großen schönen Plätzen vor Rathäusern oder Kirchen, wo die Bürgerschaft und die städtische Herrschaft sich trafen, wo Macht überschaubar war und das soziale Leben eine in der Architektur der Stadt lesbare Form besaß. Megacities sind eine Explosion oder vielleicht besser: ein fortwährendes Aufquellen, ein Alle-Grenzen-Sprengen, ein Die-Maßstäbe-Verschieben. Sie sind wunderbare Orte des Neuen, des Noch-Nie-Gesehenen, der Verheißung und der Verlockung, sie sind aber auch schrecklich, schmutzig, lärmig und eine ständige Überforderung. Sie sind schön, gefährlich und friedlich zugleich, sie sind voller Nischen und Möglichkeiten, Lebensräume für unglaublich viele verschiedene Menschen gleichzeitig. Sie sind riesig.

Durch die Megacity getrieben werden

Ich wandere durch die Städte, manchmal miete ich mir auch ein Auto (man kommt in Jakarta oder Los Angeles nicht weit mit Wandern). Weil sie zu groß sind, um alles sehen zu können, suche ich sie zuerst auf Google Earth ab: Wo sind die Neubauten, die großen Strukturen, die ich sehen will, die anonymen Quartiere jenseits der „Sehenswürdigkeiten“, jenseits auch der zum Teil ja noch vorhandenen Altstadt, die mich ebenso wenig interessiert? Google Earth bietet aber nur eine sehr grobe Orientierung über die Richtung, die ich einschlagen will. Den Rest könnte man Flanieren nennen, wenn es sich um europäische Innenstädte handeln würde; hier aber ist es mehr ein Streunen, wenn nicht einfach ein Getriebenwerden. Am Anfang war ich noch so naiv, ein Stativ mit mir herumzutragen. Das ist aus verschiedenen Gründen keine gute Idee. In Kairo (vor 2011) haben mir nach fünf Minuten zwei bewaffnete Zivilpolizisten bedeutet, dass das *not allowed* sei, auch anderswo zieht ein Stativ sofort sehr skeptische Blicke, wenn nicht das entschiedene Einschreiten von Sicherheitspersonal auf sich. Es ist einfacher, als *tourist man* zu gelten und scheinbar nur zu knipsen (wenn es dunkel wird, kann man die Kamera auch auf ein Geländer drücken). Eine große DSLR mit einem Weitwinkel-Objektiv (24 oder 35 Millimeter) reicht meistens, ich nehme nur dann noch ein, zwei weitere Objektive mehr mit, wenn ich ein Auto habe.

Das fotografische Problem, dass diese Riesenstädte stellen, ist zuerst ein Problem des Maßstabes, der schieren Größe – angefangen bei der Größe jener meist anonymen, „gesichtslosen“ architektonischen Großstrukturen, die in allen Neubauzonen zwischen Dubai und Peking, zwischen Bangkok und Moskau den Fotografen überfordern. Raum für Distanznahme bleibt oft nicht: zu dicht ist die Stadt, zu unwahrscheinlich meist auch, dass man aus einem Haus gegenüber und aus halber Höhe fotografieren könnte (es sei denn, Hochbahnstationen wie in Bangkok erlauben solche Blicke). Am Beispiel von Manhattan ist das Problem der Größe in der fotografischen Tradition zwar schon seit Langem bearbeitet worden, aber die Lösungen, die dafür gefunden wurden („tiefe" perspektivische Blicke, dramatisch stürzende Linien), sind ästhetisch nicht mehr zeitgemäß. Ich will nichts durch stürzende Linien dramatisieren – oder durch diese Art von Perspektive die „dynamische Modernität" dieser Städte betonen; will auch nichts anklagen, nichts besonders hervorheben oder kritisieren. Nein, die Hochhäuser, die ich fotografiere, sollen gerade stehen, ruhig, gleichmäßig ausgeleuchtet. Ich will sie zuallererst einmal sichtbar machen, sie zu sehen geben, ohne sie durch eine allzu „aufregende" Bildgestaltung zu deuten bzw. zu interpretieren. Es ist kein Geheimnis, dass es dank Photoshop wie früher nur mit Großformatkameras möglich ist, auch heftig verzerrte, stürzende Gebäudelinien geradezustellen. Die Häuser sehen dann so aus, wie wir sie, dank der Korrekturfunktion unseres Gehirns, auch wahrnehmen, nicht wie der optische Apparat unserer Augen oder unserer Kamera sie aus physikalischen Gründen abbilden muss. Und sie sehen auch so aus, als hätte ich sie in aller Ruhe mit einem Stativ fotografiert und nicht aus der Hand, im Vorbeigehen fast.

Analytische Fotografie

Das ist das Wichtigste; es ermöglicht mir das, was ich gerne mit einem (umgedeuteten) Begriff von Edmund Kuppel aus dem Jahr 1977 „analytische Fotografie" nennen würde (und was natürlich vor allem dank der Becher-Schule heute so präsent ist, auch wenn diese Fotografen anders arbeiten). Es ist der Reiz, als Passant mitten im Gewühl der Straße dem Chaos der Stadt und der schieren Unfassbarkeit ihrer Größe eine gewisse Ruhe und eine Ordnung abzuringen, um sie auf diese Weise zumindest ein kleines Stück „lesbar", ja „verstehbar" zu machen. Das heißt zum einen, wie gesagt, keine stürzenden Linien, keine dramatischen Perspektiven, aber auch meist keine Kontraste, keine Unschärfen, kein Korn und keine Verwischungen. Doch das sind nur die Vorsichtsmaßnahmen. Zum andern, und darüber hinausgehend, wähle ich oft eine Zentralperspektive, um das Bild zu ordnen; der Horizont, falls er sichtbar ist, bzw. der Fluchtpunkt liegt meist knapp unterhalb der Mitte. Weil die senkrechten Linien gerade gestellt werden, liegt der Blickpunkt oberhalb der „natürlichen" Beobachterperspektive eines Fußgängers, ohne dabei den Boden aus dem Bildfeld zu verlieren. Das Bild bekommt dadurch gewollt etwa künstlich Objektives, Entsubjektiviertes. Nicht, dass ich meinen Standpunkt verschleiern möchte – aber ich will ihn von allem allzu Subjektiven, Emotionalen und „Impressiven“ befreien. Die Bilder sollen über die Stadt sprechen, nicht darüber, wie ich sie „fühle“.

Dasselbe gilt für das Farbmanagement. Ich verwende relativ viel Zeit darauf, die einzelnen Farben so einzustellen, dass sich das Bild gleichsam „zurücknimmt“, ohne dass der Betrachter das merkt („Oh, toller Filter! Wo kann man den downloaden?“), aber auch ohne dass in künstlicher Weise die Farben modisch ausgebleicht erscheinen. Die Welt ist „farbig“ – aber nicht so farbig, wie sie die übliche Farbfotografie meist zeigt (und wie japanische Kamera-Ingenieure sie konfigurieren). Farbe ist schwierig. Man kann endlos Zeit damit verbringen, sie so einzustellen, wie man sie damals, als man das Bild machte, gesehen haben mochte.

Was zeigt das Bild?

Doch was lesen wir in diesen Bildern? Ich beginne mit den Bildern von Hochhäusern (Abb. 1–3). Diese Bilder – ich habe sehr viele davon gemacht, rund um den Globus – zeigen vor allem eines: Es gibt heute eine weltweit ähnliche, weitgehend anonyme Architektur, eine namenlose Textur

1 Bangkok, 2015

2 Dubai, 2011

3 Panama, 2016

der Stadt, deren Genealogie im europäisch-amerikanischen Funktionalismus der Moderne zwar unübersehbar ist, die aber mit den gesellschaftlichen, gar den aufklärerischen Konzepten der Moderne – lang ist es her – nichts mehr zu schaffen hat, im Guten wie im Schlechten. Wenn man will, kann man dieser Form der Stadt die wohlfeilen Labels „neoliberal“ und „globalisiert“ anheften, aber das sagt nicht besonders viel. Es ist einfach unübersehbar: Viele Städte der Welt werden sich zusehends ähnlich; die Strukturen, die erkennbar erst zehn, 20 Jahre alt sind, sehen überall gleich aus, in Panama wie in Jakarta, in Peking wie in Warschau, in Istanbul wie in Dubai.

Dazu kann man sich natürlich weitergehende Fragen stellen: Sind das Bilder der Macht, der Macht von Konzernen etwa, die sich hinter den Glasfassaden verbergen, oder der Macht, Menschen in solchen „Wohnmaschinen“ „seriell“ wohnen zu lassen, wie Le Corbusier sagte? Das alles trifft sicher zu. Zugleich aber sind diese gigantischen Strukturen – oder Skulpturen – nicht selten auf ihre Weise schön, zumindest jedenfalls faszinierend: Sie ordnen den Raum, sie glänzen, spiegeln, sie erheben sich aus dem Chaos der Stadt … Was sind sie also? Ich habe darauf keine Antwort. Können denn Fotografien solche Fragen entscheiden? Ein Urteil fällen darüber, ob diese Häuser „gut“ oder „schlecht“ sind? Ich glaube nicht, dass sie das tun sollen. Fotografie soll uns die Welt zeigen, wie sie ist.

Das ist zweifellos ein beinahe naiver, ein leichtsinniger Satz und doch ein unvermeidlicher. Man muss keine Worte darüber verlieren, dass jede Kameraeinstellung und jede Perspektive eine Entscheidung des Fotografen sind (und den Möglichkeiten und Grenzen seines Apparats entsprechen) und dass jedes Bild ein arbiträrer Ausschnitt der Realität aus nichtzählbar vielen anderen möglichen Ausschnitten darstellt. Dass Fotografie die Welt zeigen soll, wie sie ist, ist daher keine Frage der technischen Abbildungsmöglichkeiten der Fotografie (*cum* Photoshop), sondern eine Frage nach der Haltung des Fotografen. Ich meine das sehr konkret. Es ist oft heiß, stickig und lärmig in diesen Städten, die ich nicht kenne und in denen ich mich nur wenige Tage aufhalte. Ich bin seit Stunden unterwegs, auch eine minimale Ausrüstung hat ihr Gewicht, ich fühle mich als kleines Nichts in einem Meer von Millionen von Menschen, Autos und Häusern, und jeder Schritt eröffnet eine neue Perspektive und verwischt andere; jeder Blick, jedes Aufschauen provoziert die Frage: Das? Oder das? Wo finde ich einen Standpunkt? Soll ich von hier aus fotografieren oder von dort, oder überhaupt nicht? Was für ein Bild könnte das werden? Hinter diesen nicht endenden, mühseligen Zweifeln beim Streunen durch die Stadt lauert das eigentliche Problem: Kann man der Autor seiner Bilder sein? Die Stadt hat einen ganz schön im Griff, sie überwältigt einen, drückt einen zu Boden, in den Stau und in den Staub, ermüdet endlos und baut sich immer wieder herausfordernd vor einem auf: Fotografiere mich, wenn du kannst! Schaffst du es, ein Bild von mir zu machen – *dein* Bild? Ich erinnere mich noch an viele dieser Niederlagen – all die Strukturen, die ich nicht in ein Bild zu bannen vermochte, die sich mir entzogen haben, die zu groß, zu sperrig waren, um fotografiert zu werden. Wie eigentlich die meisten.

Die Haltung, die ich meine, hat mit dieser Frage zu tun: Ob es einem gelingt, ein Bild von der Stadt zu machen, das einerseits dem eigenen Blick entspricht, ein Bild, das *als* Bild unter meinen Bildern funktioniert, das ästhetisch und konzeptionell in die Serien sich einfügt, die ich aufbaue – und das andererseits die Stadt so erscheinen lässt, wie sie „ist“, ohne ihr durch ästhetische Mätzchen und visuelle Tricks Gewalt anzutun. Es gibt zweifellos viele mögliche Strategien, um mit diesem bekannten Paradox umzugehen, und es gibt, natürlich, unzählige Möglichkeiten, die Stadt zu fotografieren. Für mich ist eine der wichtigsten jedenfalls: Bilder zu machen, die nicht „interessant“ sind, Bilder, die nicht auf den ersten Blick „auffallen“, die aber doch so „gehaltvoll“ sind, so „welthaltig“, dass sie nicht einfach nur die Subjektivität des Fotografen reflektieren. Das ist vielleicht am besten anhand von Bildern zu zeigen, die nicht Hochhäuser – die oft per se spektakulär sind –,

4 Panama, 2016

5 Bangkok, 2015

sondern *various architectures* oder *the street* zum Thema haben (Abb. 4–5). Es geht dabei weder um Architekturfotografie noch um Straßen. Es geht um die verwickelte, komplexe, ineinander geschachtelte Wirklichkeit der Stadt, die ich so ins Bild zu bringen versuche, dass sie ohne Schwerpunkt(-setzung) das Bild gleichmäßig von links bis rechts und von oben bis unten füllen. Das gelingt nicht immer, aber wenn, dann vermag das Bild das Geflecht, das Chaos der Stadt jenseits des Bildes sichtbar zu machen.

Menschen in der Stadt

Und dann ist da noch das Problem des Menschen (Abb. 6–8). Soll man Menschen fotografieren in der Stadt, gehören Menschen ins Bild der Stadt oder sind sie Randphänomene? Ich habe sie anfänglich konsequent vermieden, weil ich die Stadt „selbst", „an sich" erfassen wollte. Jetzt dringen sie zunehmend in meine Bilder ein, meist allerdings als Einzelne oder als verstreute Passanten. Es kann keine privilegierte Stellung des Menschen in der Stadt geben; die Menschen in der Stadt dominieren diese nicht, sie überschauen sie nicht, sie haben keine herausgehobene, gar souveräne Position gegenüber der Stadt. Sie sind aber natürlich auch nicht einfach ein

6 Peking, 2015

7 Peking, 2015

8 Los Angeles, 2013

Randphänomen, weil es die Stadt ja nur gibt, weil sie da sind und weil wir die Größe einer Stadt an der Zahl ihrer Menschen messen. Was bedeutet das fotografisch? Ich glaube, die angemessene Form, Menschen in der Stadt zu zeigen, ist zu zeigen, wie kontingent, das heißt wie zufällig und „nicht-notwendig“ (Luhmann) die Präsenz der Menschen in der Stadt ist, wie sehr aber unsere menschliche Existenzweise genau diese kontingente Lebensform in Städten ist. Was ich fotografisch entdecke, ist dabei, wie wenig diese Millionen eine „Masse“ bilden (die alte Angst der Moderne), sondern vielmehr eine unfassbare Vielzahl und Vielgestaltigkeit von Einzelnen. Diese mögen Gruppen bilden oder Gemeinschaften angehören, aber in Erscheinung treten sie im Bild als Einzelne, als kontingente Individuen. Das heißt weder, ihr „Alleinsein“ zu behaupten bzw. zu beklagen oder ihre „Entfremdung“ oder was auch immer, noch es zu feiern. Ich habe keine „Theorie“ über den Einzelnen in der Großstadt (ein Thema der Soziologie des frühen 20. Jahrhunderts), ich glaube auch keineswegs, dass es den vielen Einzelnen in der Stadt deshalb, weil sie Einzelne sind, besonders gut oder besonders schlecht geht. Sie sind einfach da und sie leben ihre millionenfach ähnlichen und zugleich verschiedenen Leben. Ihre Körper im Gefecht der Stadt erscheinen lassen,

9 Warschau, 2016

10 Peking, 2015

ihnen einen Ort geben, ist eine fotografische Aufgabe. Das heißt nicht, ihr Erscheinen im Raum der Stadt mit einer Deutung zu verknüpfen, ihnen einen Sinn überzustülpen. Man soll nur zeigen, dass und wie sie da sind.

Was ist die Stadt? Wer die Augen offen hat, sieht schließlich auch, dass die Stadt ein Zeichenraum ist. Ein Raum voller Botschaften, voller Schrift, Logos und Bilder, voller Leuchtschriften und zunehmend riesigen Screens. Es kann verführerisch sein, mit diesen Bildern im Bild zu arbeiten und sich als Fotograf nicht allzu sehr gegen diese wohlfeilen visuellen Verdoppelungseffekte zu wehren. Warum sich um ein eigenes Bild bemühen, wo es doch in der Stadt so viele Bilder gibt, warum um eine eigene Aussage ringen, wenn doch die Stadt voller Botschaften ist? Ich fotografiere keine Graffitis, keine Werbung und keine Logos. Oder zumindest fast nie – nun, manchmal doch (Abb. 9–10). Mit anderen Worten: Es wäre, glaube ich, falsch, die Bilder und Zeichen zum Träger des eigenen Bildes zu machen, aber es wäre auch falsch, die Stadt als gänzlichen zeichen- und bildlosen Raum darzustellen. Denn ganz unabhängig vom Inhalt, von den Botschaften, unterhalten diese Zeichen eine Beziehung zu den Menschen, die sie sehen und die „mit ihnen" leben. Sie zeigen, dass die Stadt und die Menschen immer schon im Raum der Zeichen eingewoben sind, dass die Körper den anderen Körpern eben nicht als Körper „an sich", sondern als „Signifikanten für einen anderen Signifikanten" (Lacan), als Subjekte im Raum von Zeichen gegenübertreten. Es geht nicht darum, diese Botschaften zu entziffern; es geht darum zu zeigen, dass Menschen in der Stadt in einem Raum leben, der voller Botschaften ist, der auch darum kein Naturraum und nichts selbstverständlich Gegebenes ist, sondern ein Raum der Signifikation und daher ein ebenso „gedeuteter" wie umkämpfter Raum. Nichts ist selbstverständlich in der Stadt, alles ist hergestellt. So gesehen, ist die Stadt tatsächlich der Lebensraum von Menschen schlechthin.

Biografien

Jens S. Dangschat war von 1998 bis 2016 Professor für Siedlungssoziologie und Demographie an der Technischen Universität Wien, Leiter des Fachbereichs Soziologie (ISRA) im Department für Raumplanung sowie Professor für Allgemeine Soziologie sowie Stadt- und Regionalsoziologie an der Universität Hamburg (1992–1998). Forschungsschwerpunkte: Stadt- und Raumsoziologie, Soziale Ungleichheit und Segregation, Migration und Integration, Demografie, Raum- und Planungstheorie, Mobilitäts- und Energiekonsumforschung. Aktuelle Publikationen: „Residentielle Segregation nach Nationalität – ein Diskurs voller Widersprüche". In: *Österreichische Zeitschrift für Soziologie* 41, Suppl. 2, 2016, S. 81–101; „Wie bewegen sich die (Im-)Mobilen? Ein Beitrag zur Weiterentwicklung der Mobilitätsgenese". In: Wilde, M./Gather, M./Neiberger, J./Scheiner, J. (Hg.): *Verkehr und Mobilität zwischen Alltagspraxis und Planungstheorie – ökologische und soziale Perspektiven.* Wiesbaden 2017 (Im Druck).

Jürgen Hasse war von 1993 bis 2014 Professor am Institut für Humangeographie der Goethe-Universität Frankfurt am Main. Die Forschungsschwerpunkte liegen in der phänomenologischen Raumforschung, Stadtforschung, Ästhetik und in Fragen zum Mensch-Natur-Verhältnis. Viele Beiträge in wissenschaftlichen Zeitschriften und Sammelbänden sowie zahlreiche Buchveröffentlichungen, unter anderem zuletzt *Was Räume mit uns machen – und wir mit ihnen. Kritische Phänomenologie des Raumes.* Freiburg/München 2014 sowie *Mikrologien räumlichen Erlebens,* Band 1 (von 3): *Die Aura des Einfachen.* Freiburg/München 2017. Mehr als zehn Jahre Mitglied im Vorstand der Gesellschaft für Neue Phänomenologie (bis 2017); Mitglied in Herausgebergremien und Beiräten wissenschaftlicher Publikationsorgane sowie im Deutschen Werkbund.

http://jhasse.com/index.html

Fabienne Hoelzel ist Professorin für Architektur und Städtebau an der Staatlichen Akademie der Bildenden Künste Stuttgart und Gründerin/Direktorin von FABULOUS URBAN, ein Städtebau- und Planungsbüro für weniger entwickelte Regionen, das einen forschungsgeleiteten Entwurfsansatz verfolgt. Zuvor leitete sie das Städtebau- und Planungsteam der Stadtentwicklungs- und Wohnbaubehörde São Paulo, Brasilien, welche für das städtische Slumaufwertungsprogramm zuständig und 2012 mit dem UN Habitat Scroll of Honor ausgezeichnet wurde. Zwischen 2008 und 2010 sowie zwischen 2013 und 2017 war sie wissenschaftliche Mitarbeiterin am Institut für Städtebau der ETH Zürich. Sie publiziert und hält regelmäßig Vorträge auf internationalen Kongressen sowie an akademischen und privaten Institutionen und Organisationen. FABULOUS URBAN ist derzeit in eine Reihe von Slumaufwertungsprojekten in Lagos, Nigeria, involviert, in Zusammenarbeit mit lokalen Anwohner- und Menschenrechtsorganisationen.

Jürgen Krusche ist Kulturwissenschaftler und Künstler. Er forscht und lehrt an der Zürcher Hochschule der Künste (ZHdK), von 2001 bis 2006 am Institut für Theorie (ith), seit 2011 am Institute for Contemporary Art Research (IFCAR). Zwischen 2007 und 2011 leitete er ein Forschungsprojekt am Departement Architektur an der ETH Zürich. Seit 2011 ist er verantwortlich für den übergreifenden Forschungsschwerpunkt PUBLIC CITY an der ZHdK. Seine Forschungs- und Lehrtätigkeiten siedeln sich im Bereich der kulturwissenschaftlichen Stadtforschung an, mit einem Schwerpunkt auf dem Thema des öffentlichen Raums bzw. der Offenen Stadt. Weitere Forschungsschwerpunkte sind bildbasierte Forschungsmethoden sowie der Vergleich zwischen ostasiatischen und westlichen Raumkonzepten und Raumwahrnehmungen. Publikationen: *Die Ambivalente Stadt. Gegenwart und Zukunft des öffentlichen Raums.* Berlin 2017 (Hg.); *Politics of Space in Sham Shui Po, Hong Kong.* Hongkong 2017 (Hg.); *Bureau Savamala Belgrade. Urban Research and Practice in a Fast-changing Neighborhood* (hg. mit Philipp Klaus). Berlin 2015; *Labor Mülheim. Künstlerisches Forschen in Feldern zwischen Prekarität und Kreativität.* Berlin 2015 (Hg.); *Strassenräume Berlin, Shanghai, Tokyo, Zürich. Eine foto-ethnografische Untersuchung.* Zürich 2011.

Christa Müller studierte Soziologie in Bielefeld, Marburg und Sevilla, forschte in Spanien, Lateinamerika und Westfalen zu Bauernbewegungen und Modernisierungsprozessen. Sie ist Vorstandsvorsitzende der *anstiftung* in München, lehrt an verschiedenen Hochschulen und forscht zu nachhaltigen Lebensstilen und neuen Wohlstandsmodellen. 2011 gab sie das Buch *Urban Gardening. Über die Rückkehr der Gärten in die Stadt* heraus und co-kuratierte die Ausstellung „Die Produktive Stadt – Designing for Urban Agriculture" (TU Berlin und TU München). Ihr aktuelles Forschungsinteresse gilt den neuen Do-it-yourself-Kulturen als Formen und Netzwerke postindustrieller Produktivität. Dazu erschien 2013 *Stadt der Commonisten. Neue urbane Räume des Do it yourself* (mit A. Baier und K. Werner) und 2016 *Die Welt reparieren. Open Source und Selbermachen als postkapitalistische Praxis* (mit Baier/ Hansing/Werner).

www.anstiftung.de; www.urban-gardening.eu

Manfred Rolfes studierte an der Universität Osnabrück Geografie, Germanistik und Erziehungswissenschaften. Als Wissenschaftlicher Mitarbeiter war er von 1993 bis 2003 am Fachgebiet Geographie der Universität Osnabrück im Bereich „Methodologie in Sozial-/Wirtschaftsgeographie und Raumplanung" tätig. Seit 2003 ist er Professor für Angewandte Humangeographie und Regionalwissenschaften am Institut für Geographie der Universität Potsdam, seit 2012 Lehrbeauftragter im Masterstudiengang „Kriminologie und Polizeiwissenschaft" an der Ruhr-Universität Bochum. Seine Forschungsschwerpunkte sind (Un-)Sicherheit, Risiko und Raum, Urban Studies sowie touristische Raumsemantiken und Tourismusräume. Er ist Autor des 2015 im Stuttgarter Steiner-Verlag erschienenen Buches *Sicherheit, Kriminalität und Raum.* Weitere neuere Publikationen: „Predictive Policing: Beobachtungen und Reflexionen zur Einführung und Etablierung einer vorhersagenden Polizeiarbeit". In: Fachgruppe Geoinformatik des Instituts für Geographie der Universität Potsdam (Hg.): *Geoinformation & Visualisierung.* Potsdam 2017, S. 51–76. „Räumliche Beobachtung und Verräumlichung von (Un-)Sicherheit und Kriminalität". In: Floeting, F. (Hg.): *Sicherheit in der Stadt. Rahmenbedingungen – Praxisbeispiele – Internationale Erfahrungen.* Berlin 2015, S. 141–161.

Johanna Rolshoven leitet das Institut für Kulturanthropologie und Europäische Ethnologie an der Karl-Franzens-Universität Graz. Als empirische Kulturwissenschaftlerin arbeitet sie zu den Schwerpunkten Kritische Kulturanalyse in den Bereichen Stadt-Raum-Kulturforschung, Mobilities, Visual Cultures und Cultural Studies in Architecture. Aktuell beschäftigen sie der europäische Faschismus und die Kollateralschäden des postkolonialen Gesellschaftswandels, Wissenschaftsentwicklung im Zeichen des neoliberalen Gesellschaftsumbaus und die Chancen transnationaler Stadtentwicklungen. Publikationen: „Für eine Offene Stadt. Stadtentwicklung zwischen Fortschritt und Trägheit". In: Fritz, Judith/Tomaschek, Nino (Hg.), *Die Stadt der Zukunft. Aktuelle Trends und zukünftige Herausforderungen.* Münster u.a.

2015: S. 15–30; „Stadtentwicklung aus kulturwissenschaftlicher Perspektive". In: Caviezel, Flavia et al. (Hg.): *Forschungsskizzen. Einblicke in Forschungspraktiken an der Hochschule für Gestaltung und Kunst FHNW.* Zürich 2013, S. 73–81.

Philipp Sarasin ist Professor für Neuere Geschichte am Historischen Seminar der Universität Zürich. Arbeitsgebiete: Geschichte des Wissens, Geschichte des Kalten Krieges, Theorie der Geschichtswissenschaft, Stadtgeschichte, Körper- und Sexualitätsgeschichte. Wichtigste Publikationen: *Darwin und Foucault. Genealogie und Geschichte im Zeitalter der Biologie.* Frankfurt a. M.: Suhrkamp 2009; *Michel Foucault zur Einführung.* Hamburg: Junius 2005 (6. Aufl. 2016; chines. Ausg. 2010); *„Anthrax". Bioterror als Phantasma.* Frankfurt a. M.: Suhrkamp 2004 (US-Ausgabe Harvard UP, Cambridge/Ms. 2006); *Geschichtswissenschaft und Diskursanalyse.* Frankfurt a. M.: Suhrkamp 2003; *Reizbare Maschinen. Eine Geschichte des Körpers 1765–1914.* Frankfurt a. M.: Suhrkamp 2001; *Stadt der Bürger. Bürgerliche Macht und städtische Gesellschaft, Basel 1846–1914.* Göttingen: Vandenhoeck&Ruprecht 1997.

Siu King Chung ist außerordentlicher Professor und Leiter des Bachelorstudiengangs für Kunst und Design im Ausbildungsprogramm der School of Design an der Polytechnischen Universität Hongkong. Er arbeitet als Kunst- und Designkritiker, Installationskünstler, freier Kurator und engagiert sich aktiv in der Kunstpolitik und der Entwicklung eines Kunst- und Designcurriculums für Hongkong. Von 1995 bis 2000 war er Auslandskorrespondent des *Journal of Art and Design Education,* von 1998 bis 2001 Präsident der Hong Kong Society for Education in Art (HKSEA) und von 2008 bis 2010 Lehrbeauftragter der School of Continuing and Professional Education am Hong Kong Institute of Education. Siu forscht und schreibt über Ausbildung im Bereich Kunst und Design, Informationsgestaltung, indigene Kreativität und traditionelles Design, materielle und visuelle Kultur, Themenparks, kommunales Engagement und kuratorische Praktiken. Seine Beiträge erschienen in lokalen Zeitungen und Magazinen sowie in internationalen Zeitschriften. 2002 begründete er das Kuratorenkollektiv Community Museum Project (http://www.hkcmp.org/), das lokales Wissen und lokale Praktiken in Form von Ausstellungen, Publikationen, Kulturtourismus und urbanen pädagogischen Projekten sichtbar machen und verbreiten möchte.

Erol Yildiz studierte Pädagogik, Soziologie und Psychologie an der Universität zu Köln. Er wurde 1996 im Fach Soziologie promoviert. 2005 habilitierte er sich an der Universität zu Köln für das Fach Soziologie, war Gastprofessor in Luxemburg, München, Wien und hatte Vertretungsprofessuren in Hamburg und Köln. Yildiz war zwischen 2008 und 2014 Professor für den Schwerpunkt „Interkulturelle Bildung“ an der Alpen-Adria-Universität Klagenfurt. Seit März 2014 ist er Professor für den Bereich „Migration und Bildung“ an der Universität Innsbruck. Forschungsschwerpunkte: Migration, Diversität, Bildung, Stadt und Urbanität. Aktuelle Publikationen: *Migration, Stadt und Urbanität. Perspektiven auf die Heterogenität migrantischer Lebenswelten* (mit Thomas Geisen und Christine Riegel). Wiesbaden 2017; *Nach der Migration. Postmigrantische Perspektiven jenseits der Parallelgesellschaft* (mit Marc Hill). Bielefeld 2015.

Kai Ziegner hat Germanistik, Politikwissenschaft und Journalistik in Leipzig, Fotografie in Berlin und Bildende Kunst in Zürich studiert. Er hat als Journalist, Filmemacher und Fotograf gearbeitet, lebt mit seiner Frau und zwei Kindern in Berlin und lehrt als Dozent für künstlerische Forschungsstrategien an der Universität Potsdam. Seit 2012 ist er Mitglied der von Prof. Giaco Schiesser gegründeten Forschungsgruppe „Künstlerische Forschung“ an der Zürcher Hochschule der Künste. Zusammen mit zehn Doktoranden absolviert Ziegner zurzeit ein PhD-Kooperationsprogramm (ZHdK, Kunstuniversität Linz). Der in diesem Buch vorgestellte Auszug ist Teil seiner praxisbasierten künstlerischen Forschung, die 2018 abgeschlossen wird. Die Entwicklung neuer Studien- und Lehrformate auf Master- und Doktorandenebene ist auch Bestandteil des PhD. Kai Ziegners Arbeiten wurden in internationalen Einzel- und Gruppenausstellungen gezeigt und in Magazinen wie *Ojo de Pez* (Madrid) und *Sekai* (Tokio) veröffentlicht.

Impressum

Diese Publikation ist entstanden im Rahmen des übergreifenden Forschungsschwerpunkts PUBLIC CITY der Zürcher Hochschule der Künste.

Umschlagmotiv: Jürgen Krusche
Bildnachweis: Marco Clausen: 91, 92 | Community Museum Project: 119 (1), 120, 121 | Jens S. Dangschat: 21, 30 | Isi Etomi: 103, 110 (9), 112, 114 | Jürgen Hasse: 136, 137, 139–141, 145–148, 151–153 | Fabienne Hoelzel: 105, 107, 109, 110 (8) | Inga Kerber: 89 (2), 98 | Falk Messerschmidt: 95, 96 | Christa Müller: 89 (1) | Pakchai Tse: 119 (2), 126, 128 | Philipp Sarasin: 161, 162, 164, 165–168 | School of Design, Polytechnische Universität Hongkong: 124 | Urban Gardening Manifest: 99 | Kai Ziegner: 80–85

Übersetzung: Stephanie Rupp (engl.–dt., Siu King Chung: „Feldnotizen zu urbanen Taktiken für eine kommunale Teilhabe", S. 116–129)
Gestaltung und Satz: jovis Verlag – Susanne Rösler
Lithografie: Bild1Druck, Berlin
Gedruckt in der Europäischen Union

Bibliografische Information der Deutschen Nationalbibliothek
Die Deutsche Nationalbibliothek verzeichnet diese Publikation in der Deutschen Nationalbibliografie; detaillierte bibliografische Daten sind im Internet über http://dnb.d-nb.de abrufbar.

jovis Verlag GmbH
Kurfürstenstraße 15/16
10785 Berlin

www.jovis.de

jovis-Bücher sind weltweit im ausgewählten Buchhandel erhältlich. Informationen zu unserem internationalen Vertrieb erhalten Sie von Ihrem Buchhändler oder unter www.jovis.de.

ISBN 978-3-86859-467-6